はじめてでも素敵にできる

野山の素材でかごを編む

つる・樹皮・竹皮・わらでつくる

講談社

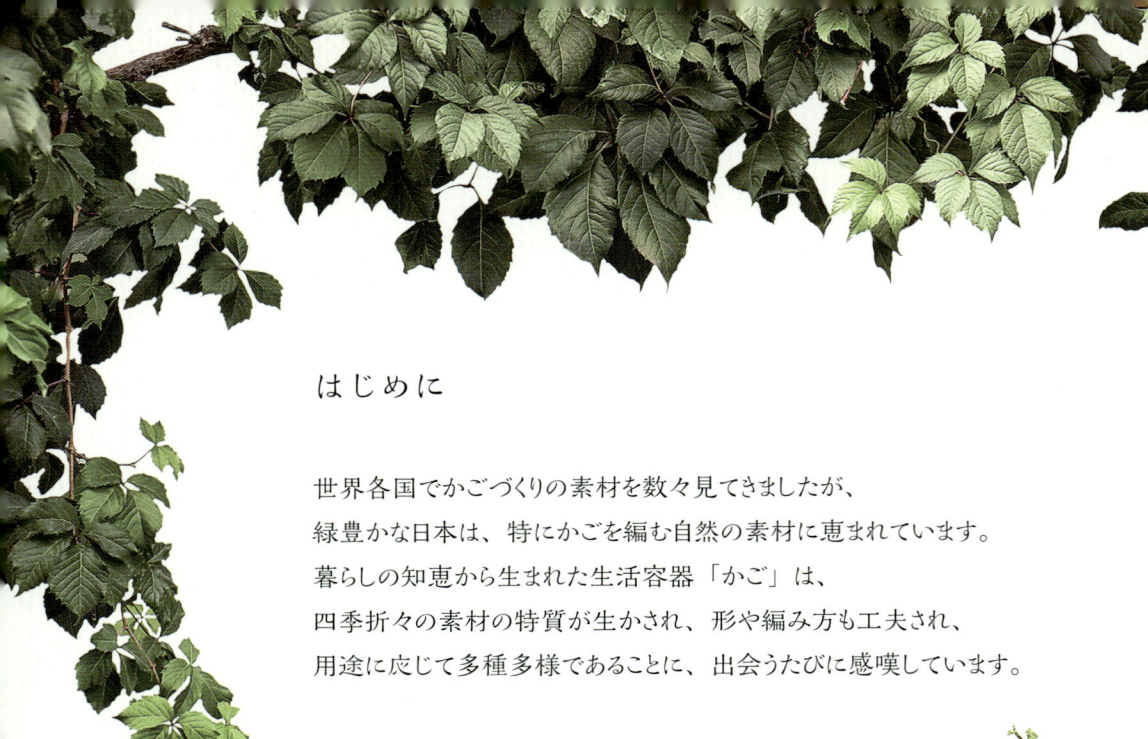

はじめに

世界各国でかごづくりの素材を数々見てきましたが、
緑豊かな日本は、特にかごを編む自然の素材に恵まれています。
暮らしの知恵から生まれた生活容器「かご」は、
四季折々の素材の特質が生かされ、形や編み方も工夫され、
用途に応じて多種多様であることに、出会うたびに感嘆しています。

かごの形は時代によって少しずつ変わってきましたが、
暮らしの中でじゃまにならない、
日本独特のシンプルなかごが私は好きです。

この本では、日本の伝統的な素材を使ったかごづくりを紹介しています。
漁曳き縄に使われたヤマブドウ、アイヌの人々に水杓として使われていた白樺、
農容器として使われていた胡桃樹皮、竹林の竹皮や、田んぼのわらなど、
素材の扱い方も紹介しています。
また、古代人の生活考古学の調査にあたり、植物素材でつくられた
生活道具「かご」を介して世界間の交流が盛んになっています。
欧州で今でも日常に使われ、引き継がれている、柳素材を使った
伝統的なかごの形を、私たちの手に入る藤材にかえて紹介してみました。

日本の素材を使ったかごづくりを、
もっと楽しんでいただきたい思いでこの本をつくりました。
できるだけつくり方のプロセス写真を豊富に掲載して、
はじめて「かご」を編む方にもわかりやすく説明しています。
お手元に置かれて楽しんでいただければ嬉しく思います。

谷川栄子

ヤマブドウの
花編みのバッグ

野趣_(やしゅ)に富んだバッグは
和にも洋にも使い方次第。

つくり方→ 86 ページ

ヤマブドウと桜の
ボックスバスケット

李朝のデザインを思いうかべて、
モダンなインテリアに。

つくり方→ 78 ページ

竹皮のふたつき
平皿&小物入れ

和の暮らしを演出する竹皮のかご。

つくり方→50ページ、51ページ

わらの猫つぐら

猫ちゃん大喜び！
お気に入りはどれかしら？

猫つぐら（右）、猫ベッド（上）、小さな猫つぐら（左）
つくり方→ 58 ページ、59 ページ

コロコロつぐら（下）
つくり方→ 92 ページ

目次
CONTENTS

かごづくりの基本と この本の使い方

本編に入る前に、かごづくりのごく基本的なことと、
この本の構成、及び使い方についてご紹介します。

1 かごづくりの工程について

この本は素材ごとに Chapter が分かれています。各 Chapter の
始めに、それぞれの素材の採取と下処理を解説しています。

※下処理……入手した素材を材料にする作業。

各作品のつくり方を紹介するページに、
下準備を紹介しています。

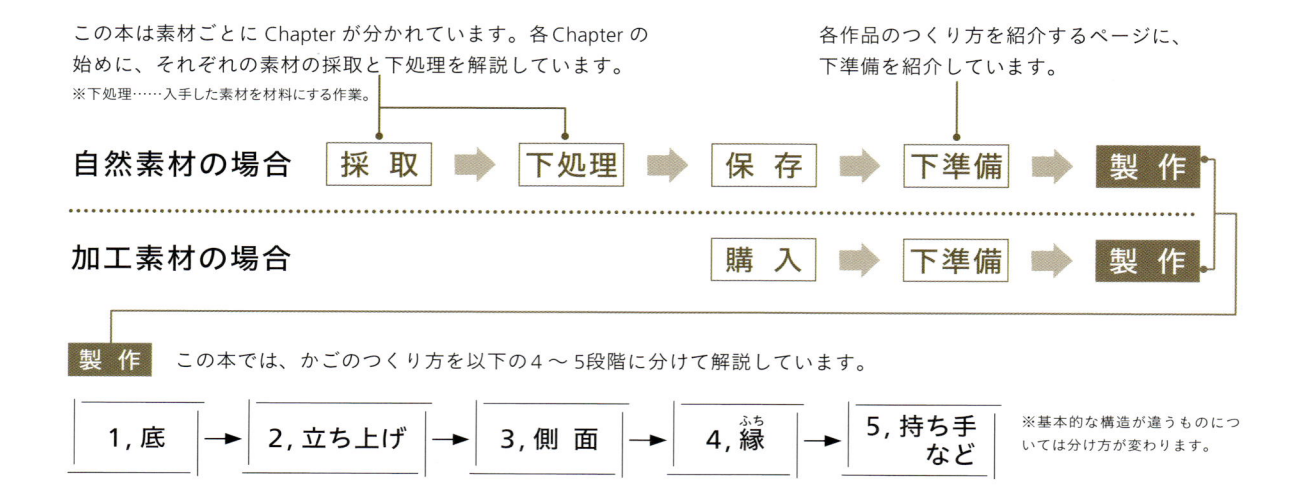

自然素材の場合 採取 ➡ 下処理 ➡ 保存 ➡ 下準備 ➡ 製作

加工素材の場合 購入 ➡ 下準備 ➡ 製作

製作 この本では、かごのつくり方を以下の4〜5段階に分けて解説しています。

1, 底 → 2, 立ち上げ → 3, 側面 → 4, 縁（ふち） → 5, 持ち手など

※基本的な構造が違うものについては分け方が変わります。

2 かごづくりの用語について

材料について

籐など加工材については、購入できる単位で記載しています。
自然素材については、購入後、作品づくりに適した幅や長さに
自分でカットします。手に入れた素材によって質が異なるため、
目安の量を表記しています。「下準備」の項目も参照ください。
作品制作の道具は必要に応じてここに記載しています。

下準備について

編む時に必要な材の名称は、素材によって異なります。

素材名	呼び方	例
籐とつる	芯	丸いかご ：タテ芯、アミ芯 四角いかご：縦のタテ芯、横のタテ芯、アミ芯
背取り籐 樹皮	材	丸いかご ：タテ材、ヨコ材 四角いかご：縦のタテ材、横のタテ材、ヨコ材
竹 皮	材	材
わ ら	縄 または材	丸いかご ：タテ縄、ヨコ縄 四角いかご：縦のタテ縄、横のタテ縄、ヨコ縄

※ベニヤ板は便宜上厚さ約 1cm にしています。

技法について

技法名は通称を記載しています。同じ編み方でも、素材によっ
て名称が異なることがあります。また、同じ編み方でも、底を
編む時と側面を編む時で名称が異なるものがあります。一般的
に、底は「組む」、側面は「編む」と言う場合が多く、「編み組み
する」という言い方をする場合もあります。

※「この本に出てくるかごづくりの主な技法」（P.98）を参照してください。

仕上がり寸法について

作品のサイズは、底の寸法と、縁の寸法、高さを記載しています。
平面の寸法の記載がある場合、縦×横の順に記載しています。
長方形の作品は短辺が縦、長辺が横です。例外はその旨記載し
ています。

所要時間について

下準備：作品づくりに必要な木型をつくったり、芯、材、縄を
カットしたり束ねたりして、製作できる状態に準備する時間。
編 む：実際にかごをつくる時間。樹皮の場合、反りがあるの
で、平らにするのに相当の時間がかかります。

3 「つくり方」のページの見方

基本のつくり方

「基本のつくり方」では、原則として各工程ごとに写真を掲載。
写真1枚ごとに解説がついています。

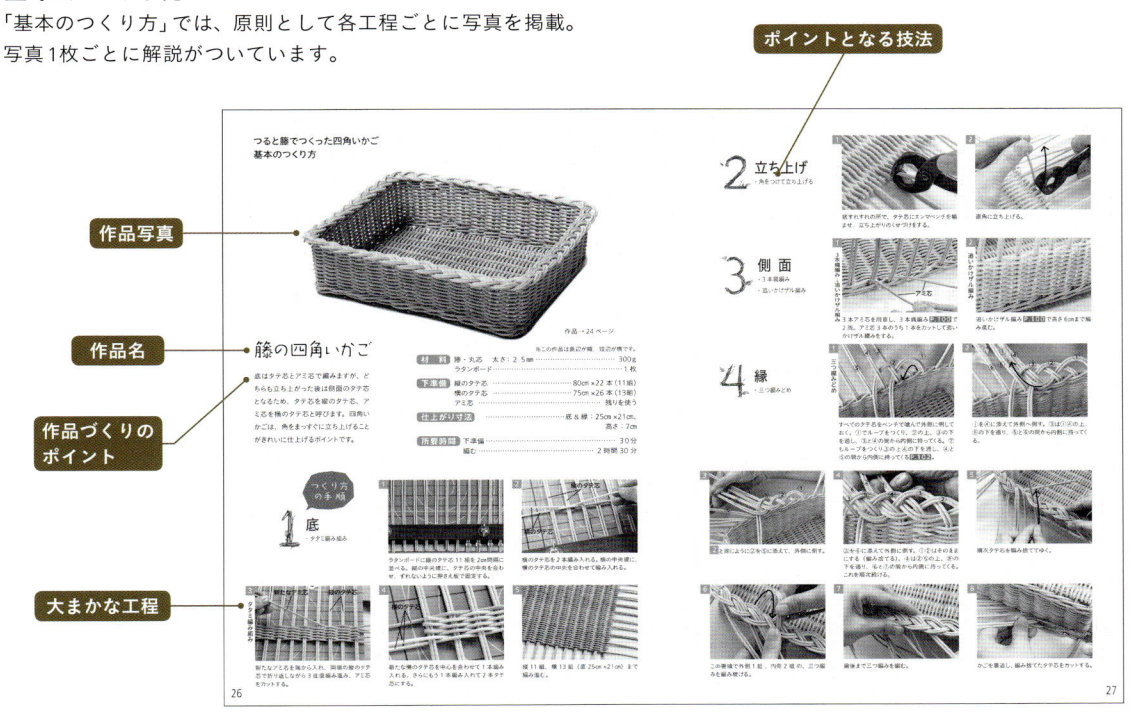

- ポイントとなる技法
- 作品写真
- 作品名
- 作品づくりのポイント
- 大まかな工程

その他の作品

その他の作品では、ポイントごとに写真や図を掲載しています。
工程を解説する文章の番号と、写真についている番号が対応しています。

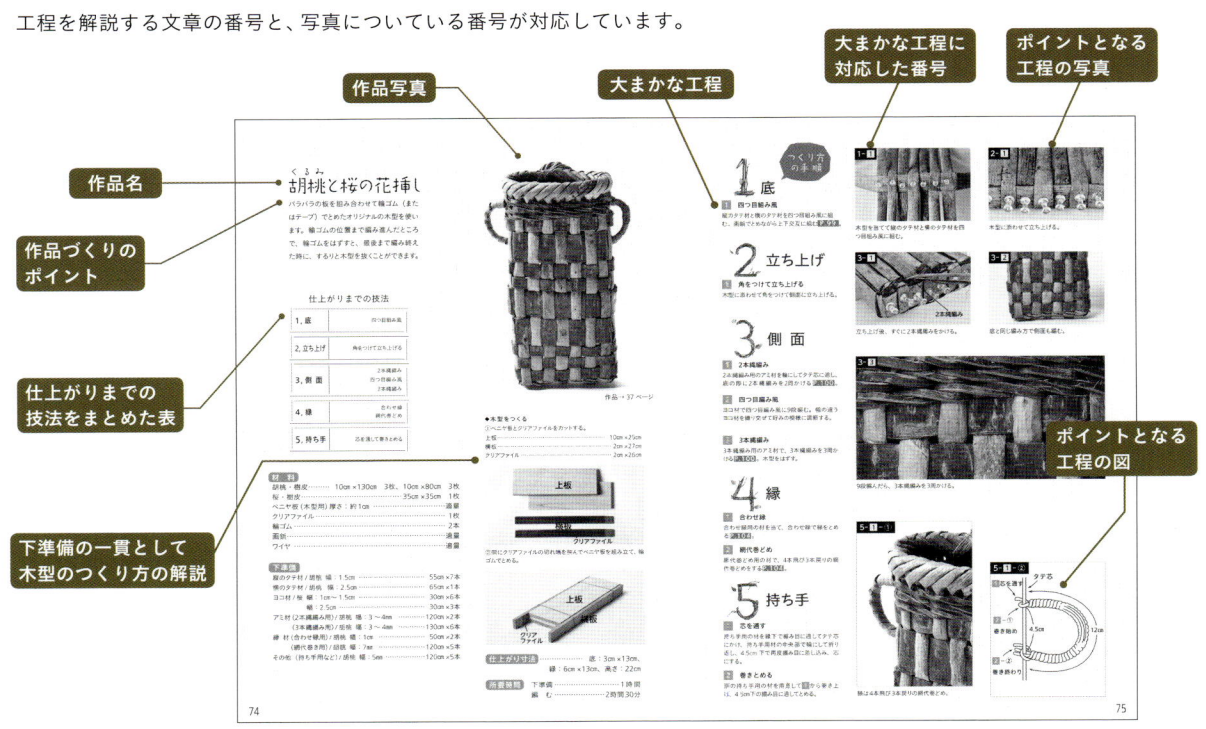

- 大まかな工程に対応した番号
- ポイントとなる工程の写真
- 作品写真
- 大まかな工程
- 作品名
- 作品づくりのポイント
- 仕上がりまでの技法をまとめた表
- 下準備の一貫として木型のつくり方の解説
- ポイントとなる工程の図

かごになる自然素材

藤などの輸入材、樹皮などの季節の素材、小枝など
自身で採取するものなどがあります。この本では5
種類の自然素材を使っています。

つ る

藤やアケビ、フジなどのつる性植物を総称し
て、「つる」と呼んでいます。それぞれの特徴
を生かした作品づくりを楽しみましょう。

藤の詳細→ P.11
つるの詳細→ P.12

アケビ

籐

樹 皮

桜、ヤマブドウ、白樺、胡桃の
樹皮を使ったかごを紹介します。

詳細→ P.32

桜

白樺

竹 皮

100円ショップでも手に入る竹皮
は、初心者向き。コイリングとい
う比較的簡単な手法でかごをつく
ります。

詳細→ P.48

わ ら

米を収穫した後の稲の茎を干
して使います。稲わらを打っ
た「打ちわら」や稲わらをなっ
た「わら縄」を使い、かごをつ
くります。

詳細→ P.52

小 枝

剪定で出た小枝もかごづくりに役
立ちます。よく眺めて特徴をとら
え、自然の姿を生かす工夫をしま
しょう。

籐とその仲間

籐とは、ラタンとも呼ばれるヤシ科のつる性植物。九州南端と沖縄に生育しますが、ほとんどが東南アジアからの輸入です。本書に登場する加工材と原材を紹介します。

籐・加工材

丸芯

籐の皮を取った中身を芯状にしたもの。「1級」と「特級」、また「中ざらし」と「本ざらし」がある。直径1㎜からあり、3㎜や5㎜のものがよく使われる。300ｇ、500ｇ、1kg単位で販売されている。※太いものはタテ芯や縁芯に使う。

1級中ざらし　2.75㎜。

背取り籐（皮籐）

丸籐の表皮のつやのある部分を利用したもの。背取りは皮籐の背を削ったもの。「薄挽き」と「普通挽き」、また「生」と「中ざらし」があり、3㎜〜6㎜が一般的。

生5㎜。

籐・原材

3㎜〜5㎜。

紅籐

赤茶色をした籐で、根元と先では太さが異なり、水に浸すと柔らかくなる。3㎜〜8㎜が一般的で、500ｇ〜1kg束で販売されている。

籐ではないもの

左から、細2㎜〜4㎜、中3㎜〜6㎜、太5㎜〜8㎜。

エゾアケビ

中国やフィリピンなどから輸入されるつるの総称。厳密には籐ではないが、籐を扱う店で販売されており、かご初心者にも扱いやすい。2㎜〜8㎜が一般的で、300ｇ〜1kgの単位で販売されている。販売単位や呼称が地方や店により異なる。

Chapter 01

つくってみたい
つるのかご

つるの種類

この本に出てくるつる素材

日本の野山はつる植物の宝庫です。さまざまなつる植物が花や実をつけて四季折々に違う姿を見せてくれます。しなやかで丈夫なつるは、かごづくりに最適な素材です。アケビ、クズ、アオツヅラフジは、初心者でも扱いやすく、手に入りやすいつる素材です。

アケビ
適度な日照環境で生育したつるは、紅褐色でつやがある。

アケビの大きなかご
つくり方→ 66 ページ

アオツヅラフジ
黒光りしたきれいで丈夫なつる。昔から背負いかごの材に使われた。

アオツヅラフジの
乱れ編みのかご
つくり方→ 96 ページ

クズ
比較的まっすぐに伸びて扱いやすい。とてもきれいで香りがよい。

クズのトレー
つくり方→ 70 ページ

その他のつる素材

かごの素材となるつる植物は他にもたくさんあります。花を観賞するフジや実を楽しむツルウメモドキ、道端で見かけるヘクソカズラなど、身近にあるつる植物もかごの素材として、利用できます。
作品のつくり方→ 22 ページ、23 ページ

フジ
花は基部から咲き始める。つる同士が絡んだ巻きつるは野趣に富む。

フジのかご

ノブドウ
意外と柔らかく丈夫なつる。節ごとにつく巻きひげを生かして楽しむ。

ノブドウの鳥かご風
フラワーポット

スイカズラ
春先には表皮がくるりとむけて、つるつるした光沢あるつるが顔を出す。

スイカズラのかご

ツルウメモドキ
表皮を剥いで、縦の筋目に沿って割り裂くと扱いやすい。

ツルウメモドキの
かご

ヘクソカズラ
細くて丈夫なつる。刈り込まず、数年経ると太くなる。

ヘクソカズラの飾り

つるの下処理から保存まで

かごづくりに必要な素材は、もちろん購入することもできますが、野山でかごづくりに最適のつるを見つけたなら、ぜひ採取して利用したいものです。1年のうち、もっともよい素材が採れる時期は、紅葉シーズンが終わったころ。夏の成長期を経て、色づいた葉が落ち始めるころのつるは、養分水分ともに充実し、長さも肌合いも抜群の時期です。採取したつるから、かごを編むまでの流れをご紹介します。

採取から
かごを編むまでの流れ

採取したつるからすぐにかごを編むこともできます。
採取したてのつるは葉もあり、とげやひげ根もあるため、
それなりに味のあるかごができあがりますが、少し下処理をすることで、
丈夫で暮らしになじむかごをつくることができます。

採 取

採取する際は、土地の持ち主に了解を得て採取しましょう。公園や他人の家の庭から勝手に採ってはいけません。

下処理

採取したつるを保存できる状態にするまで。

次のページで下処理の仕方をご紹介します。→ **P.15**

保存

下処理した後のつるを、タテ芯用とアミ芯用に分けて、すぐに編める状態まで準備します。
この状態で販売されているものを購入することもできます。

下準備

つるを水に浸けて柔らかくします。浸ける時間は素材により異なります。水分を均等に含ませたら、つくりたいものにあわせてタテ芯とアミ芯をカットします。

制 作

好みのかごをつくりましょう！
一旦濡らしたつるはできるだけ早く制作にかかりましょう。
※かごの制作が中断して一定時間経過したら、水に浸け直してから再開します。

下処理の手順

1 採取したつるを観察する

まずは採取したつるをよく見てみましょう。つるには、太いもの、細いもの、曲がっているもの、まっすぐのもの……いろいろあります。これらはすべてかごを編む材料となります。

採取したつるを巻いたもの。

2 つるをきれいにする

葉などがついた状態でそのまま編めば、オブジェとしては味のあるかごになりますが、暮らしの中で使うには少し個性的すぎるでしょう。

下処理を施したきれいなつるでつくれば、食卓に、寝室に、クローゼットに……暮らしのさまざまなシーンになじむ、用途の広いかごをつくることができます。

まずは葉を取り除く。

1　葉を取り除く
できるだけすべての葉を取り除いてしまいましょう。

2　とげがあるものはとげを取り除く
作品をつくる時も、できあがった作品を利用する時もけがをしないように。

3　ひげ根を取り除く
ひげ根はある程度は作品の個性でもあるので、好みで残します。

太いつると細いつるを分けておく。

4　太いものと細いものに分ける
タテ芯やアミ芯を準備する際、太いものと細いものとに分かれていると便利です。

5　太すぎるつるは半分に割っておく
太すぎるつるは、ナイフなどを使って半分に割っておくと使い道が広がります。

6　つるの皮をむく
きれいなつるが好きな方は、皮をむくとよいでしょう。そのままでもお好みで。

3 保存する

まとめて風通しのよい室内で保存します。乾燥して硬くなっていても、2〜3年の間は浸水させればまた柔らかくなり、かごを編むことができます。

丸くまとめて保存する。

つると藤で
つくった
丸いかご

丸かごはかごづくりの基本です。浅くて小ぶりのかごは短時間でできるので、初心者にもおすすめ。シンプルなかごほど用途は多様です。

自然素材のつるには、人の手ではつくれない強さと美しさがある。

籐の浅いかご
つくり方→ 18 ページ

籐の深いかご
つくり方 → 68 ページ

アケビの大きなかご
つくり方 → 66 ページ

つると籐でつくった丸いかご
基本のつくり方

作品→ 16 ページ

籐の浅いかご

籐は、つるなどの自然素材に比べて、初心者には扱いやすい素材です。
はじめての方でも1時間ほどで編めるかごなので、かごづくりの基本を知るのに最適です。

材　料	籐・丸芯　太さ：2.5mm　……………………………… 200g
	籐・丸芯　太さ：4mm（持ち手用）………… 50cm×1本

下準備	タテ芯 ………………………………………… 80cm×10本
	アミ芯 …………………………………………… 残りを使う

仕上がり寸法	…………………… 底：直径16cm、縁：直径18cm、高さ：6cm（持ち手まで含めると17cm）

所要時間	下準備 ……………………………………………… 15分
	編む ……………………………………………… 40〜50分

下準備

1 水に浸ける

太さ2.5mmの丸芯を10分ほど水に浸けて柔らかくし、新聞紙などで包んでおく。

2 タテ芯とアミ芯に分ける

硬めのものはタテ芯用、柔らかいものをアミ芯用に分ける。

3 タテ芯をカット
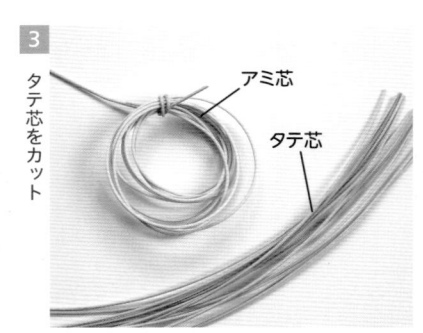
タテ芯を10本、長さ80cmにカットし、まっすぐに伸ばしておく。アミ芯は丸めてまとめておく。

つくり方の手順

1 底

- ・十字組み（5本・5本）
- ・ザル編み

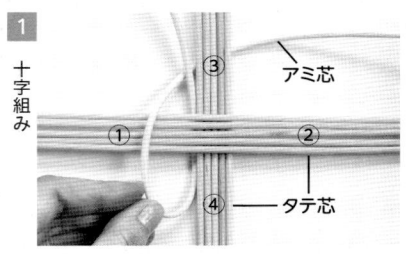

1 十字組み

タテ芯5本ずつを中央で十字に組む。柔らかなアミ芯を①の下から①の上に回す。

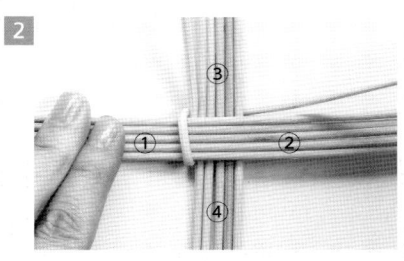

2 ③の下を通す。

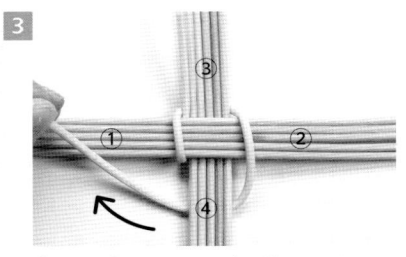

3 ②の上、④の下を通し、角を締めて1周する。

4 同じ要領でもう1周する。

5 隙間のないように、タテ芯がずれないように気をつける。

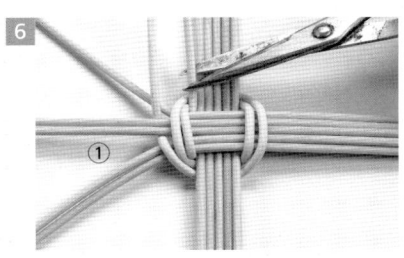

6 ①のタテ芯を2本1組にして、アミ芯をタテ芯の上下に通す。始めにかけたアミ芯をカットする。

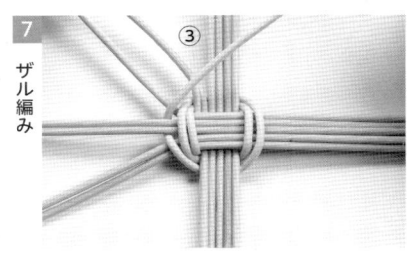

7 ザル編み

①のタテ芯の残りの1本と③のタテ芯の1本を組み合わせ2本にし、アミ芯をタテ芯の上下交互に通してゆく。これをザル編みという。

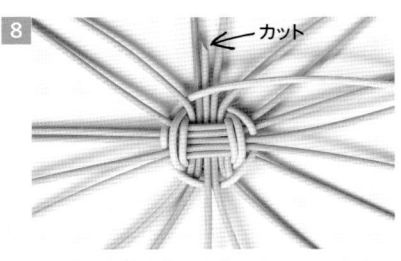

8 カット

タテ芯の合計本数を奇数にするため、矢印のタテ芯を1本カットする（20本から19本になる）。

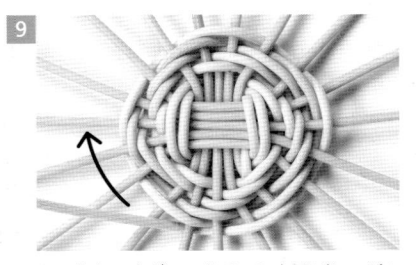

9 タテ芯を1本ずつに分け、2本飛ばしのザル編み（2本下を通したら、次の2本は上を通す）で編み進む。

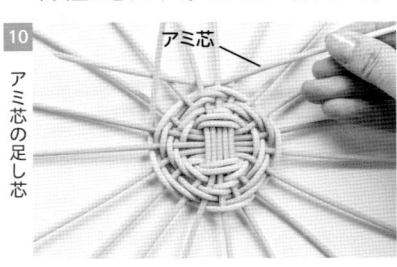

10 アミ芯の足し芯

アミ芯が短くなったら、新しいアミ芯をタテ芯2本の上で交差させる。

11 ザル編み

つないだアミ芯を手で押さえながらザル編み。2〜3周編むと落ち着く。これを繰り返す。

12 会分なアミ芯は、際ギリギリの所で斜めにカットする。2本飛ばしのザル編みで渦巻き模様ができる。

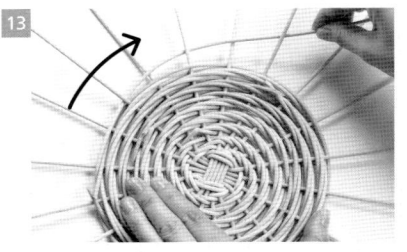

13 タテ芯の間隔が広くなってきたら、1本飛ばしのザル編み（タテ芯1本ごとに上下にアミ芯を通す）に変えて、直径16cmになるまで編み進む。

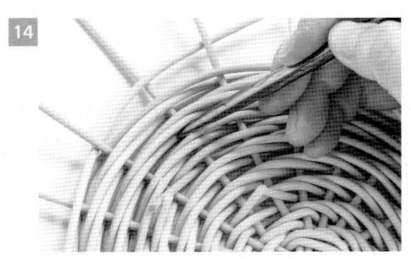

14 平打ちを使ってタテ芯の間隔や、編み目を整える。

2 立ち上げ
・カーブをつけて立ち上げる

1 くせづけ

タテ芯に、手指で丸みをつけるようにくせづけする。

2 立ち上げる

タテ芯を軽く内側に押さえながら立ち上げる。

3 側　面
・ザル編み

1 アミ芯を足す

底を編んできたアミ芯　　新たなアミ芯

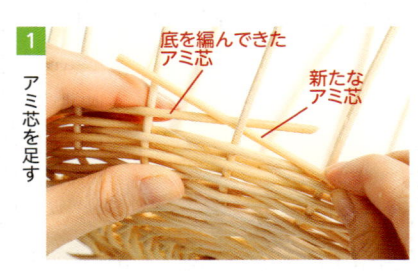

新たなアミ芯を用意し、底を編んできたアミ芯に交差させて内側でつなぐ。

2 ザル編み

タテ芯の曲がりや編み目を確認しながら、高さ4cmまで1本飛ばしで編む。

3

側面からもチェックしながら、編み目が均一になるように編む。

4

最後の2周は、タテ芯を調節して、心もち内側に引き締めて編む。

5

高さ5cmまで編み進む。

4 縁
・内高縄どめ
・内捻り

1

霧吹きなどでタテ芯を湿らせ、エンマペンチを軽く噛ませ、横に倒すようにしてくせをつける。

2 内高縄どめ

左タテ芯を、右隣のタテ芯の内側を通して外側へ出す。これで1周する。

3

最後のタテ芯

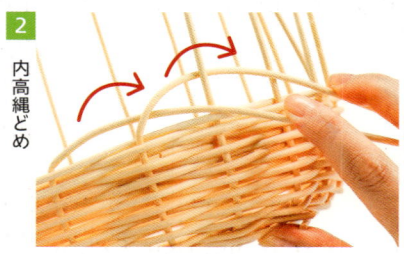

最後のタテ芯は、最初にとめたタテ芯の輪に内側から外側へ通す。これですべてのタテ芯が外に出る。

4

外に出たタテ芯を、同じく外に出したタテ芯の上を通し、2つ隣の輪に外側から内側へと差し込む。

5

4 を繰り返しながら、1周する。

6
内捻り

タテ芯を1つ右隣のタテ芯の上にかけて2つ右隣のタテ芯の下へおさめる。1周繰り返す。

7

最後のタテ芯は、始めの捻りに添わせる。

8

余分なタテ芯は、1cmくらい残して切り口を揃えてすべてカットする。

5 持ち手

・芯を取りつけ
　巻きとめる

1
芯を取りつける

持ち手用丸芯

アミ芯

B　　A

持ち手用丸芯の先を斜めにカットし、平打ちで縁に隙間をあけ、縁に差し込む。縁のすぐ下、持ち手用丸芯の左側に、アミ芯を差し込む。

2

アミ芯の直径分を計る

B　　A

アミ芯をどんどん通してずらしていき、アミ芯を反対側の縁に当てて、本体の直径分を計る。

3
巻きとめる

B　　A

アミ芯の先を本体の直径分残して、持ち手用丸芯にらせん状に巻きつけてゆく。

4

B

反対側まできたら、同じように縁のすぐ下、持ち手用丸芯の右側に、外側から内側にアミ芯を差し込み、外側から巻きに添わせて巻きつけていく。

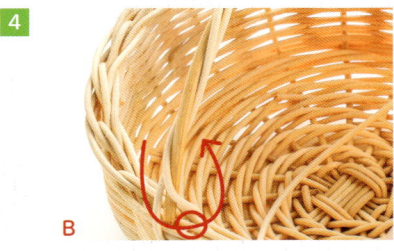

5

A

1で差し込んだ側にアミ芯が戻ったら、**1**で差し込んだ位置の、芯を挟んで右側に、外側から内側に入れ、またらせん状に巻きつける。

6

B

この往復で、持ち手用丸芯をアミ芯で均等に埋めてゆく。4回目は持ち手用の芯の左側に差し込む。

7

B

6の残りのアミ芯を、持ち手の根元に巻きつけ、横に締める。

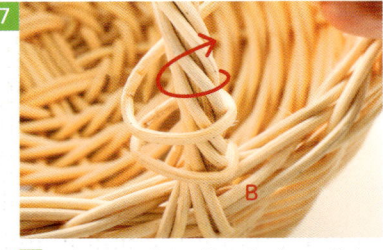

8

B

内側で、アミ芯の1本を上から巻き目に差し込んでとめる。

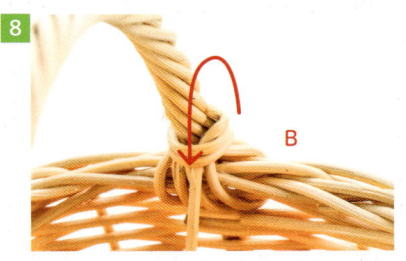

9

A

B

反対側は、**2**で直径分残したアミ芯で**8**と同様に、持ち手の根元に巻きつけ、編み目に差し込んでとめる。

10

A

A、B両側とも、飛び出た余分なアミ芯はカットする。

自然素材を使って
基本の技法で
できる丸いかご

12 〜 13 ページに登場した、さまざまなつるの特徴と、その特徴を生かしてつくったかごの例を紹介します。

※材料の目安は400ｇ〜 500gです。

タテ芯を長いまま残しておく。

スイカズラのかご

スイカズラのつるはすくすと長く伸びる。よい香りの花はペアで咲き、果実も仲よくペアで実る。やさしく穏やかな樹木。春には、表皮がひらひらと紙のように剥がれ、曲がりくねったきれいな黄緑色のつるが顔を出す。

下準備
タテ芯　太さ：6mm〜 7mm ············· 80cm ×6本
アミ芯　太さ：3mm〜 4mm ··· 100 〜 120cm ×3本

仕上がり寸法 ··········· 底：直径12cm、縁：直径10cm、本体の高さ：15cm、全体の高さ：30 〜 35cm

1	底	十字組み（3本・3本）、ザル編み
2	立ち上げ	カーブをつけて立ち上げる
3	側　面	ザル編み
4	縁	タテ芯を自然のままにする

好みで太いつるを持ち手に巻きつける。

フジのかご

質感のあるつるは、どこまでも長く伸び、柔らかく扱いやすい。大きなかごづくりにも向く。つるどうしが巻きついているものなど、自然のままの姿は作品のアクセントにもなる。

下準備
タテ芯　太さ：8mm ···················· 100cm ×9本
アミ芯　太さ：3mm〜 6mm ······ 120 〜 150cm ×5本
タテ芯の足し芯　太さ：6mm ········· 15cm ×10本
巻きつる（持ち手）太さ：12mm ········ 60cm ×1本

仕上がり寸法 ··········· 底：直径28cm、縁：直径35cm、高さ：10cm（持ち手まで含めると32cm）

1	底	十字組み（4本・5本）、ザル編み
2	立ち上げ	カーブをつけて立ち上げる
3	側　面	ザル編み
4	縁	断ち切り
5	持ち手	縁に挟んで差し込む

ノブドウの鳥かご風フラワーポット

分枝してジグザグに伸びたつるや、節から交互に出る巻きひげが特徴。

下準備	タテ芯	太さ：6mm	80cm ×6本
	アミ芯	太さ：3mm〜 4mm	100 〜 150cm ×7本

仕上がり寸法 ……… 底＆縁：直径16cm、高さ：18cm

1	底	十字組み（3本・3本）、ザル編み
2	立ち上げ	カーブをつけて立ち上げる
3	側　面	ザル編み（引き返す）
4	縁	捻りどめ（隣のタテ芯にかける）**P.102**

巻きひげを残したまま編む。

ツルウメモドキのかご

赤褐色のつやのあるつるは、リースや生活用品に利用できる。表皮を剥がして、タテ芯はそのまま、アミ芯は縦の筋に添ってナイフを通して割りを入れ、細い割材をまとめて使う。

下準備	タテ芯	太さ：8mm	80cm ×6本
	アミ芯	太さ：6mm〜 8mm	80cm ×6本

仕上がり寸法 ……… 底：直径11cm、縁：直径13cm、高さ：18cm

1	底	十字組み（3本・3本）、ザル編み
2	立ち上げ	カーブをつけて立ち上げる
3	側　面	ザル編み
4	縁	捻りどめ（隣のタテ芯にかける）

縁に向かってすぼむように編む。

つるのアレンジ

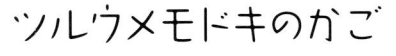

果実のついたつるを丸め、太いつるを巻いただけ。

ヘクソカズラの飾り

ヘクソカズラは細いのでひもやアミ芯に適している。邪魔のない場所ではどこまでも長く伸び、葉に独得の匂いを持つ。

下準備	果実のついたつる	太さ：2mm〜 3mm	10m ×15本
	巻きつる	太さ：7mm	60cm ×1本

仕上がり寸法 ……… 底：直径15cm、縁：直径5cm、高さ：8cm

1	底	果実のついたつるの果実部分を丸める
2	立ち上げ	太いつるを 1に巻きつける

タタミ編み組みでつくる角底のパン
かごやトレー。側面は追いかけザル
編みで編みます。

籐の四角いかご
つくり方 → 26 ページ

クズのトレー
つくり方 → 70 ページ

紅籐のスクエアバスケット
つくり方 → 72 ページ

つると籐でつくった四角いかご
基本のつくり方

作品→ 24 ページ

籐の四角いかご

底はタテ芯とアミ芯で編みますが、どちらも立ち上がった後は側面のタテ芯となるため、タテ芯を縦のタテ芯、アミ芯を横のタテ芯と呼びます。四角いかごは、角をまっすぐに立ち上げることがきれいに仕上げるポイントです。

※この作品は長辺が縦、短辺が横です。

材 料	籐・丸芯　太さ：2.5mm ……………………… 300g
	ラタンボード ………………………………………… 1枚

下準備	縦のタテ芯 ………………………… 80cm ×22 本（11組）
	横のタテ芯 ………………………… 75cm ×26 本（13組）
	アミ芯 ……………………………………… 残りを使う

仕上がり寸法	……………………………… 底＆縁：25cm ×21cm、
	高さ：7cm

所要時間	下準備 ……………………………………… 30分
	編む ………………………………… 2 時間 30 分

つくり方
の手順

底
・タタミ編み組み

1
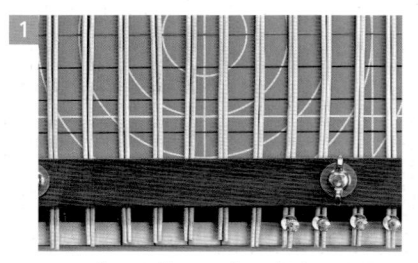
ラタンボードに縦のタテ芯 11 組を 2cm間隔に並べる。縦の中央線に、タテ芯の中央を合わせ、ずれないように押さえ板で固定する。

2
縦のタテ芯
横のタテ芯
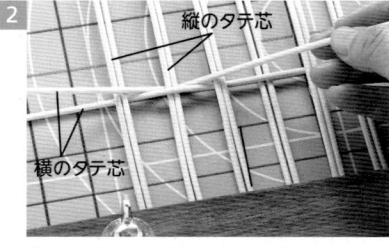
横のタテ芯を 2 本編み入れる。横の中央線に、横のタテ芯の中央を合わせて編み入れる。

3
タタミ編み組み
新たなアミ芯　　縦のタテ芯
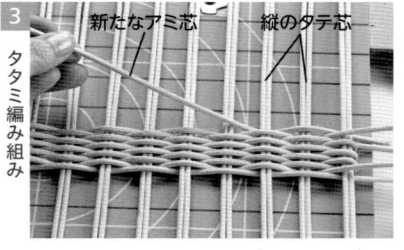
新たなアミ芯を端から入れ、両端の縦のタテ芯で折り返しながら 3 往復編み進み、アミ芯をカットする。

4
横のタテ芯
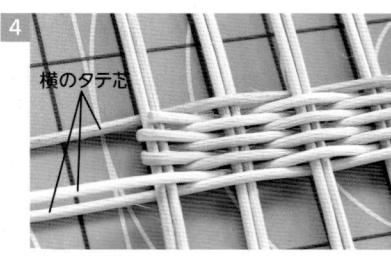
新たな横のタテ芯を中心を合わせて 1 本編み入れる。さらにもう 1 本編み入れて 2 本タテ芯にする。

5
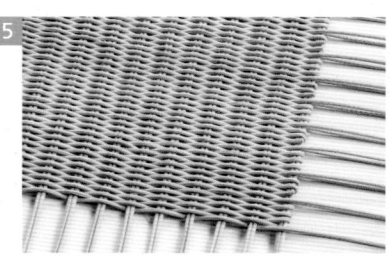
縦 11 組、横 13 組（底 25cm ×21cm）まで編み進む。

2 立ち上げ
・角をつけて立ち上げる

底すれすれの所で、タテ芯にエンマペンチを噛ませ、立ち上がりのくせづけをする。

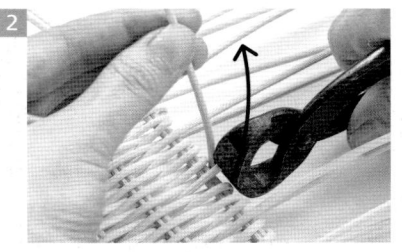

直角に立ち上げる。

3 側面
・3本縄編み
・追いかけザル編み

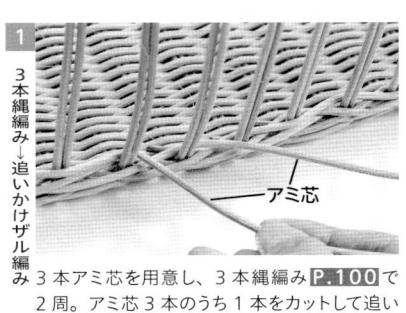

3本縄編み→追いかけザル編み

アミ芯

3本アミ芯を用意し、3本縄編み P.100 で2周。アミ芯3本のうち1本をカットして追いかけザル編みをする。

追いかけザル編み

追いかけザル編み P.100 で高さ6㎝まで編み進む。

4 縁
・三つ編みどめ

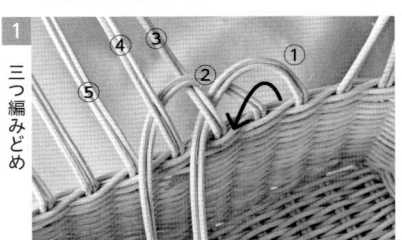

三つ編みどめ

すべてのタテ芯をペンチで噛んで外側に倒しておく。①でループをつくり、②の上、③の下を通し、③と④の間から内側に持ってくる。②もループをつくり③の上④の下を通し、④と⑤の間から内側に持ってくる P.102。

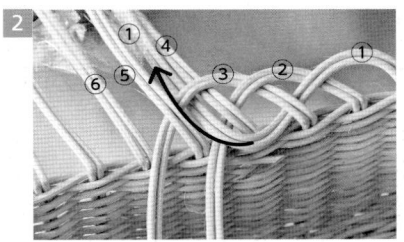

①を④に添えて外側へ倒す。③は①④の上、⑤の下を通り、⑤と⑥の間から内側に持ってくる。

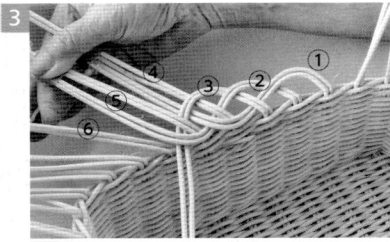

2 と同じように②を⑤に添えて、外側に倒す。

③を⑥に添えて外側に倒す。①②はそのままにする（編み捨てる）。④は②⑤の上、⑥の下を通り、⑥と⑦の間から内側に持ってくる。これを順次続ける。

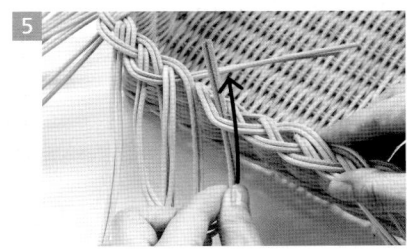

順次タテ芯を編み捨ててゆく。

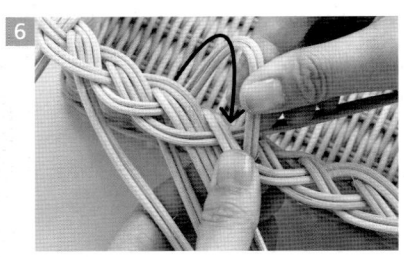

この要領で外側1組、内側2組の、三つ編みを編み続ける。

最後まで三つ編みを編む。

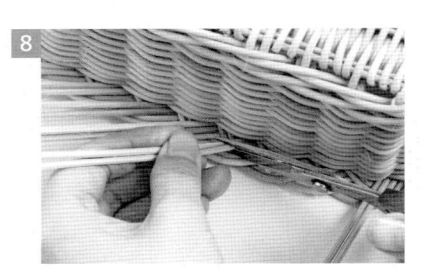

かごを裏返し、編み捨てたタテ芯をカットする。

ゆるやかな弧を描く楕円のかご
は、暮らしの片隅に置くだけで、
わくわくします。自然素材で編め
ばより映えるかごです。

アケビの
背負いかご
つくり方 → 31 ページ

エゾアケビの
楕円のかご
つくり方 → 29 ページ

28

エゾアケビの
楕円のかご

タテ芯用のつるを選ぶ時は、とりわけ
しっかりしたものを選ぶとうまく編むこ
とができます。

材　料	エゾアケビ　太さ：2mm…………… 500g
	型紙…………………………………… 1枚

下準備	縦のタテ芯 ……………… 75cm×30 本
	横のタテ芯 ……………… 80cm×30 本
	アミ芯 ………………………… 残りを使う

◆ 底型をつくる
型紙に短径 19cm、長径 25cmの楕円の
中に 15×15cmの正方形を描く。

仕上がり寸法	…底&縁：短径 19cm、長径 25cm、
	高さ：14cm

所要時間	下準備…………………………… 30 分
	編む…………………… 2 時間 30 分

つくり方の手順

底
・井桁組み
・矢来組み
（2 本縄矢羽根編み）

1 井桁組み

底型の上で、タテ芯 60 本を 15cm×15cmの
井桁に組む **P.98**。両端は 5 本 1 組、内側
は 4 本 1 組で 5 組、計 7 組。

2 2本縄矢羽根編み

1 の周りに 2 本縄矢羽根編みをかける（参
照→ **5**〜**16**）。タテ芯を 2 本ずつ編み、固
定させる。

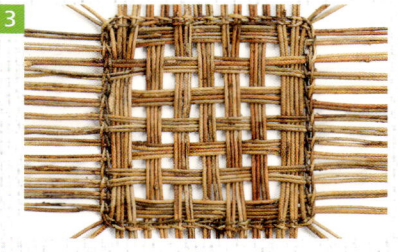

3

四隅は四角になるようしっかりとかけながら、
1 の周りを 1 周する。

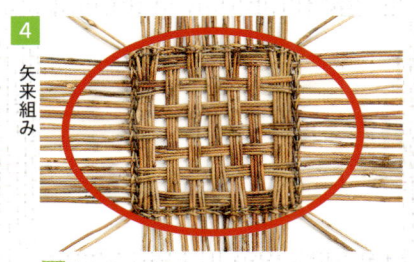

4 矢来組み

3 の周りに直径 19cm×25cmの楕円になるよう
（赤線部分に）2 本縄矢羽根編みをかける。タ
テ芯の隙間をあけて編むことを矢来組みという。

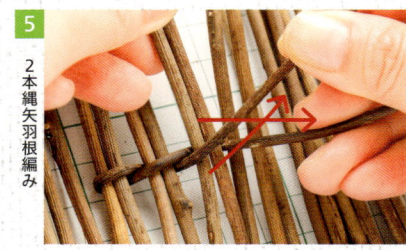

5 2本縄矢羽根編み

アミ芯を輪にして 2 本縄編みをかける。**2** **3**
のタテ芯の組み合わせとは違う組み合わせに
なるようにする **P.100**。

6 編み進み、始めに輪をかけた所まで、1周する。

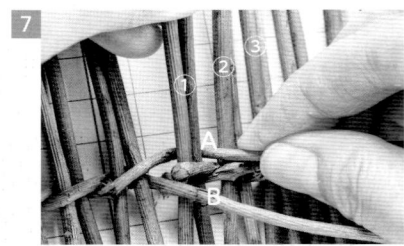

7 アミ芯Aを、編み始めのタテ芯①の下に通す。

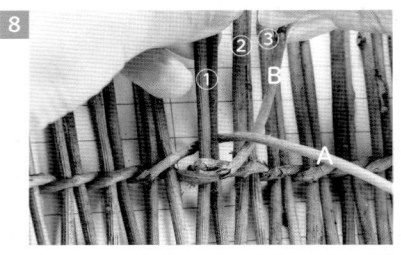

8 もう一方のアミ芯B、をアミ芯Aの下に通す。

9 アミ芯Bをタテ芯②の下に通す。

10 アミ芯Aをアミ芯Bの下に通す。

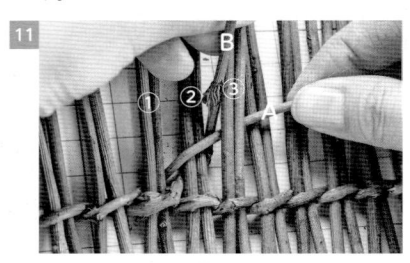

11 アミ芯Aをタテ芯③の下に通す。

12 **7**〜**11**を繰り返し、1周目の2本縄編みとは編み目が逆になるように編み進む。

13 2周2本縄編みをかけることで、2本縄矢羽根編みが完成する。

14 2周編み終えたら、編み目をしっかり締める。

15 アミ芯2本とも1cmほど残してカットする。

16 カットした所はそのままでよい。

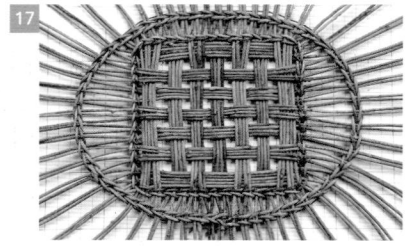

17 正方形の井桁組みからの楕円形の底ができあがる。

2 立ち上げ
・角をつけて立ち上げる

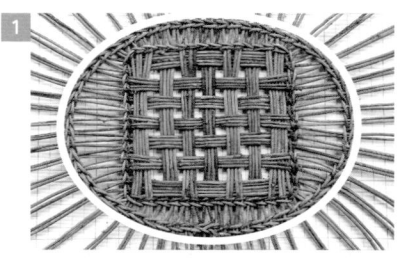

1 底の楕円の周りギリギリの所でタテ芯にエンマペンチを噛ませ、くせづけする。

2 底型をはずし、くせづけした所を角をつけて立ち上げる。

3 側面

・矢来組み
（2本縄矢羽根編み）

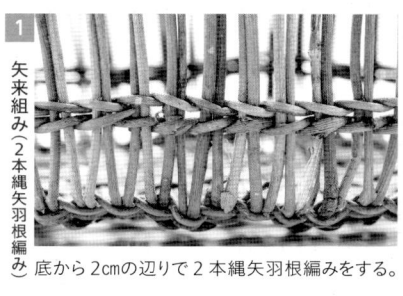

矢来組み（2本縄矢羽根編み）

底から2cmの辺りで2本縄矢羽根編みをする。

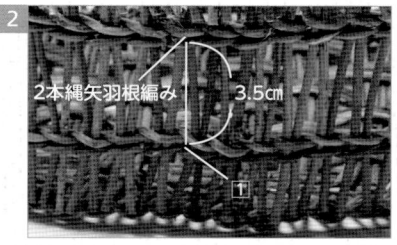

2本縄矢羽根編み　3.5cm

1から3.5cm上の所で、さらに2本縄矢羽根編みをする。

4 縁

・内高外出しどめ
・2本縄矢羽根編み

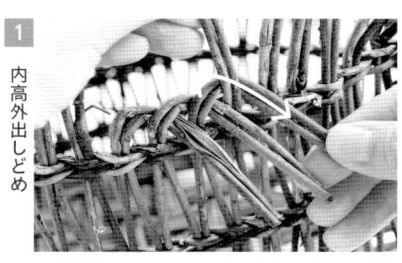

内高外出しどめ

内高縄どめ（タテ芯2本1組を、隣のタテ芯2本1組の内側からかけて外に出す）で1周する。

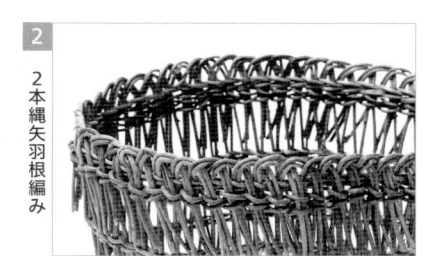

2本縄矢羽根編み

1のタテ芯の先端部分を2本1組で、側面のタテ芯に2本縄矢羽根編みでとめつける（内高外出しどめ P.103）。余分なタテ芯は切り揃える。

同じ技法でつくれます

作品 → 28 ページ

飾りのしゅろ縄は編み目に通して、好みの結び方で取りつける。

アケビの背負いかご

井桁組み（いげた）は、アレンジ次第で多様な底の形をつくることができます。長方形に組んで、立ち上げる時に自然の丸みをつけることで、楕円のかごになります。

底は4本ずつ縦横各6組で組む。

材 料	アケビ・つる　太さ：2〜3mm ……………………… 1kg
	しゅろ縄（市販）　太さ：8mm …………… 5m×1本

下準備	縦のタテ芯 ……………………… 100cm×24本（6組）
	横のタテ芯 ……………………… 110cm×24本（6組）
	アミ芯 ……………………………………… 残りを使う

仕上がり寸法	… 底：8cm×17cm、縁：8cm×23cm、高さ：30cm

所要時間	下準備………………………………………………… 30分
	編む…………………………………………………… 2時間

この本に出てくる樹皮素材

樹皮とは木の表皮のこと、木肌ともいいます。花や葉、実など
を観賞しがちですが、木肌の美しさや個性豊かな表情には目を
みはるものがあります。滑らかで光沢のあるもの、きれいな色
調のもの、いかにも山野を感じさせる荒めの肌合いのものなど
があり、採取した樹皮でかごづくりが楽しめます。樹種ごとに
採取した樹皮の下処理や管理などが異なります。なお、樹皮
は反りがあるので平らに伸ばすのに相当の時間がかかります。

白樺 (しら かば)

白い樹皮を持つ美しい樹木。あめ色
が優しい白樺のクラフトは、アイヌの
人たちも利用していました。樹皮が採
取できるのは、6〜7月の4週間だけ
ですが、この時期になると自然に皮が
剥がれやすくなっています。

桜

野生の桜の代表、ヤマザクラが使われます。
紫褐色の樹皮は光沢があり、茶筒などの樺(かば)
細工で知られています。ヤマザクラのかごは、
野趣に富んだ渋い色調が特徴で、防湿性が
あり、長く使うことができます。

表面を削ってない樹皮

表面を削った樹皮

桜の樹皮

ヤマブドウ

ヤマブドウの樹皮でつくるバッグは使えば使うほどに独特のつやが出てくる貴重品です。美しい出来栄えの作品を目指すためには、「なめす」「切る」などのていねいな準備作業が必要です。つるも、かごづくりの素材に使われます。

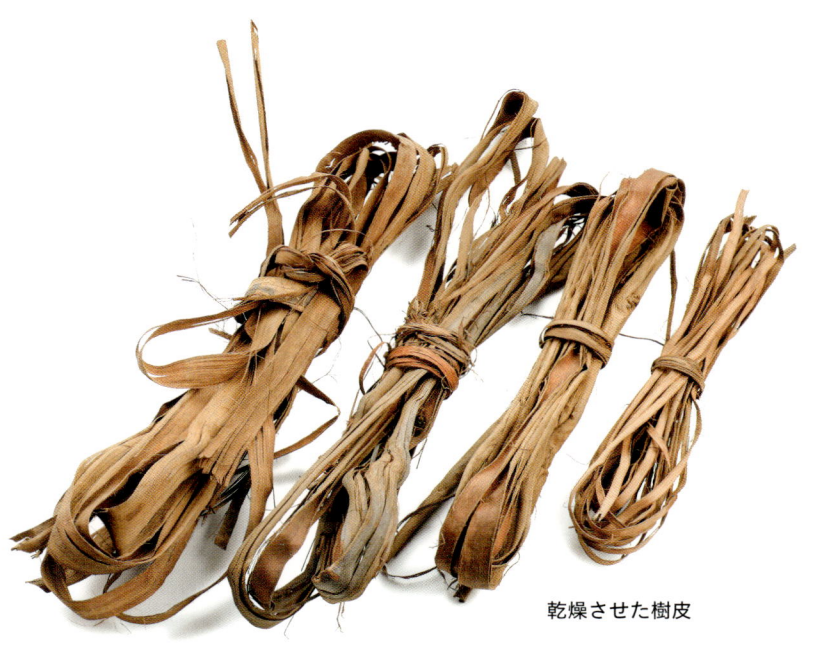

乾燥させた樹皮

樹皮の保存

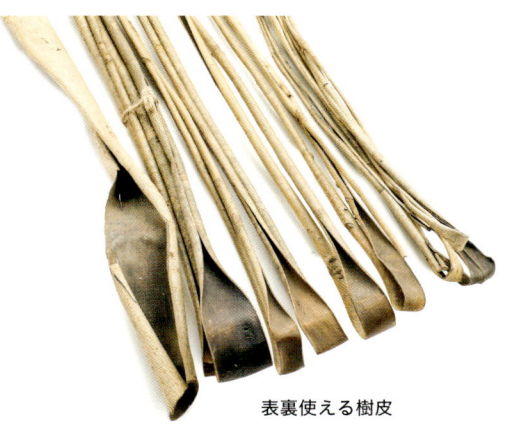

表裏使える樹皮

オニグルミの実

胡 桃
<ruby>胡<rt>く</rt></ruby><ruby>桃<rt>るみ</rt></ruby>

オニグルミは日本全土に自生。樹皮は暗灰色（あんかいしょく）。枝もまっすぐで、節も少ないので使いやすい素材です。とくに3年以上の枝から採取した樹皮は、柔軟性があり丈夫。大木となるサワグルミの樹皮は節穴が多いが、かごづくりにはこれを生かして使います。

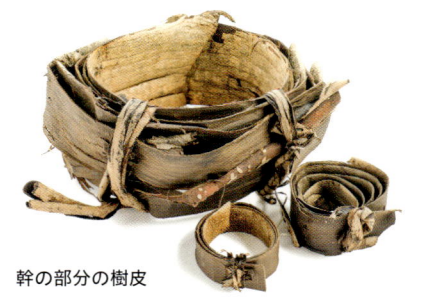

幹の部分の樹皮

樹皮の保存

樹皮の採取から下準備まで

白樺（しら かば）

白樺の素材と入手

白樺の樹皮は、包装用品や工作材として、さまざまな規格で流通しています。

白樺の樹皮の採取

樹皮の採取は6〜7月のみ。この時期は幹に切れ目を入れるだけで、自然に皮が剥がれる。採取した樹皮を放置すると丸まろうとするので、重しなどで平らにくせづけをする。

白樺の樹皮の下準備

1 乾燥後、ベニヤ板などで重しをして平らにくせづけする。

2 樹皮の表面を平打ちなどで削って整える。

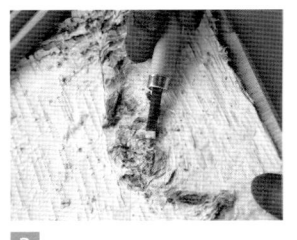

3 大きな節はナイフなどで表面を削るか、くり抜く。

4 目的の幅に、テープ状にカットする。正確さが作品のできを左右する。

5 表の皮を薄く剥がし、裏側の皮をかごの表に使用する。

6 歪みがある場合は、バーベルやテーブルの脚などでなめして歪みを直す。

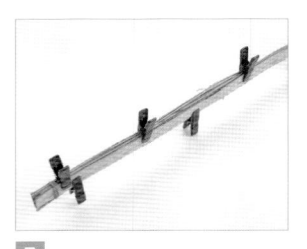

7 樹皮を裏表にしてまっすぐ伸ばし、クリップなどでとめて保存する。

桜

桜の素材と入手

樹皮のみの入手はしにくい。樹皮のついた市販の工作用材、花材を利用するか、剪定した枝から樹皮を剥ぎます。直径10cm、長さ35cm〜40cmの枝で、幅30cm×長さ40cmの樹皮が採取できます。表皮を削るとさまざまな表情が表れます。

桜の樹皮の採取

開花前後から梅雨までが、樹皮が剥ぎやすい。幹の円周に、皮目に沿って上下に切れ込みを入れる。縦に1本切れ込みを入れ、そこから刃物の背でていねいに剥ぎ取る。

桜の樹皮の下準備

1 霧吹きなどで湿らせ、ベニヤ板で挟んで重しを乗せ、7〜10日ほど、カビを生じさせないように時々裏返しながら、平らにくせづけする。

2 伸ばした樹皮の表皮を研磨具やナイフの背で削り、桜独特の色合いを出す。または、削らずに表皮の表情をそのまま生かしてもよい。

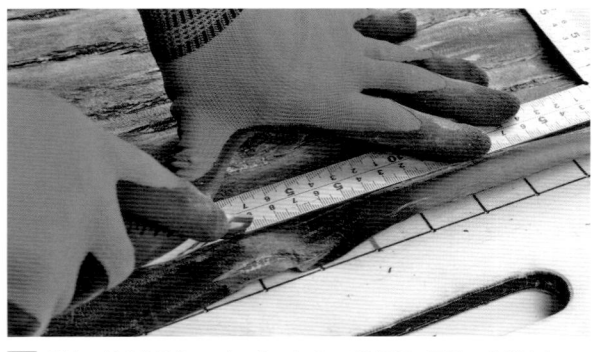

3 樹皮の波を押さえて、カッターナイフで希望幅に正確に裁断する。

●白樺と桜の注意

白樺と桜の樹皮は元の形に戻ろうとする力が強いので、しっかり平らに伸ばし、板や重い書籍に挟んで保存する。皮目に逆らっての曲げ作業は難しい。

ヤマブドウ

ヤマブドウの素材と入手

ヤマブドウは、生育環境により、色がさまざまで、節や鬼皮がついていたり、割れ目が入っていたりします。また、厚さや幅が均一ではなく、ねじれや反り返りなどのくせがあるので、ていねいに下処理をします。硬め、厚めの材はタテ材用、柔らかめの材はヨコ材用、細めの端材はアミ材などにします。

ヤマブドウの樹皮の採取

つるの採取時期は、6月後半〜7月上旬。つるを適当な長さに切り、鬼皮を剥いでから、その下の一番皮をていねいに剥がしてかごに使う。上手に剥がすにはコツと経験が必要。

ヤマブドウの樹皮の下準備

1 樹皮の厚さによるが、8〜24時間水に浸して柔らかくして、たわしで洗う。

2 鉄棒や木の枝、机の角で皮をなめす。鬼皮がある場合はなめしながら、自然に剥がれてきた鬼皮をとる。さらに水に浸して洗う。

3 なめすと自然に鬼皮が剥がれる。

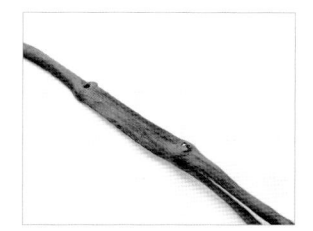

4 節や割れ目の位置を確認し、必要な長さと幅を決める。均一な幅の取れる長さの目安をつける。

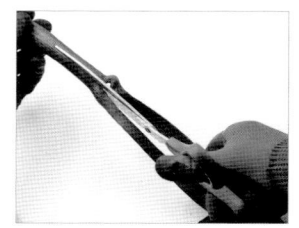

5 同じ幅になるように裁断する。刃が長く薄いはさみが最適。

6 ナイフの背などで皮を削り、厚さを調整する。

7 仕上げにテーブルの脚などで、軽くなめす。

8 表裏に合わせて巻き、風通しのよい場所で保存する。

胡桃（くるみ）

胡桃の素材と入手

胡桃は幅3cm〜10cm、長さは50cm〜100cmにカットされているか、ほぼ採取された長いままで販売されています。季節商品で、入手しにくい年があります。あらかじめ予約しておくとよいでしょう。

胡桃の樹皮の採取

採取時期は5〜8月。カッターナイフで2cm幅に縦に筋目を入れ、手で上から下に比較的簡単に剥がせる。樹液が出るので、ゴム手袋を使用する。採取後は、日陰で乾燥させて保存。

胡桃の樹皮の下準備

1 昆布のような姿で販売されていることが多い。水に浸けると30〜40分ほどで柔らかくなる。浸けっぱなしにすると黒ずむ。柔らかいので、傷けないように注意。保存しやすい大きさにカット。しっかりした材をタテ材に使用。

2 鉄片などを重しにして、平らに伸ばす。1〜2日でしっかり伸びる。

3 裏表にきつめに巻いて保存する。使用する時は、まっすぐ伸ばし使用する幅にカットする。

樹皮でつくったかご

樹皮は、その年の気候や育った土地の環境により、色や肌合い、質感が異なるのが特徴です。一期一会の素材で世界に1つしかないオリジナル作品をつくってみませんか。

白樺の丸いかご
つくり方→ 38 ページ

白樺の四角いかご
つくり方→ 39 ページ

胡桃と桜の花挿し
つくり方 → 74 ページ

ヤマブドウと桜の
ボックスバスケット
つくり方 → 78 ページ

ヤマブドウと桜の
花かご
つくり方 → 76 ページ

作品→ 36 ページ

白樺の丸いかご

しらかば

テープ状にカットした白樺樹皮で、四つ目組みで編んだかごです。樹皮をはじめて扱う人にもおすすめしたい、樹皮の質感を味わえる作品です。

材料

白樺樹皮　20㎝×45㎝	………………… 3 枚
20㎝×20㎝	………………… 2 枚
ベニヤ板（底型用）厚さ：1㎝	………… 適量
洗濯バサミ、画鋲	…………………… 適量

下準備

藤・丸芯　太さ：2㎜	…………… 50㎝×1 本
縦のタテ材　幅：2㎝	…40㎝〜 45㎝ ×10 本
横のタテ材　幅：2㎝	…40㎝〜 45㎝ ×10 本
足し材　幅：2㎝	… 20㎝〜 25㎝ × 約 15 本

◆底型をつくる
ベニヤ板を 30㎝角にカットし、 2㎝間隔で縦横 11 本ずつ線を引き、 2㎝角のマス目を 100 記す。

仕上がり寸法 ……… 底：15㎝ ×15㎝、縁：18㎝ ×18㎝、
高さ：5㎝

所要時間 下準備…………………………… 1 時間 30 分
編む ……………………………… 1 時間 30 分

つくり方
の手順

1 底

・四つ目組み

四つ目組み

1
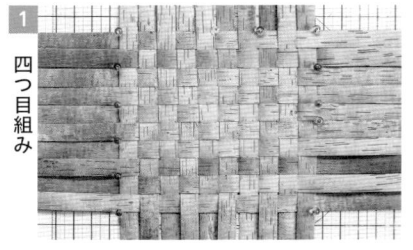

底型の上でタテ材を裏を上にして、縦横 10 本で四つ目組み **P.99** にする。隙間なく組む。

2
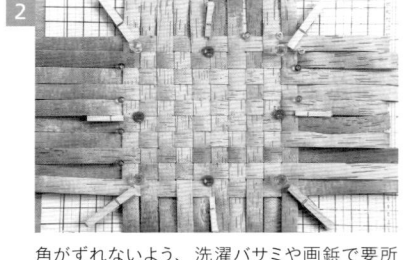

角がずれないよう、洗濯バサミや画鋲で要所をとめておく。

2 立ち上げ

・カーブをつけて立ち上げる

1
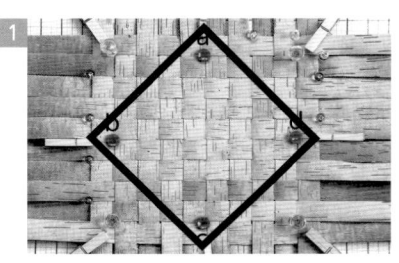

底の各辺の中央部の 4 点をつないで底のラインを決める。

2

a の位置から表皮を内側に向けて b , c , d と順にカーブをつけて立ち上げる。

3 側面

・四つ目組み

1 四つ目組み

底と同じ要領で四つ目組みに組む。

2

5㎝の高さまで組んだら、縁の位置に籐を添える。

4 縁

・差し込む

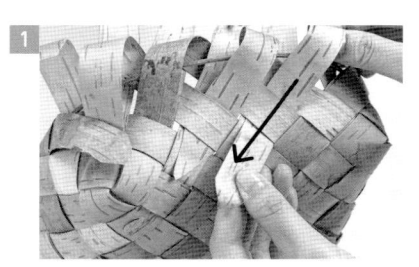

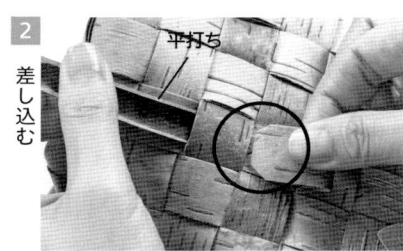

1

縁で外側に折り返し、材の編み目に通してゆく。足りなくなったら足し材を差し、すべての編み目が2重になるように編む。

2 平打ち　差し込む

最後は、タテ材の先を斜めにカットし、平打ちを使って編み目に差し込む。

同じ技法でつくれます

作品→ 36 ページ

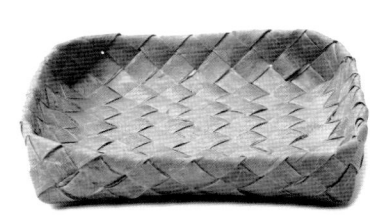

四角く立ち上げると四角いかごに。

カーブをつけて立ち上げると丸いかごに。

白樺の四角いかご

心もち内側に引き締めて編みます。角は四角を意識して形づけます。

材　料　白樺樹皮　30cm×50cm　…2 枚
　　　　　　　　　　　20cm×25cm　…3 枚

下準備
籐・丸芯　太さ：2mm　…………50cm×1 本
縦のタテ材　幅：1.5cm　…40cm〜45cm×14 本
横のタテ材　幅：1.5cm　…40cm〜45cm×14 本
足し材　幅：1.5cm　… 20cm〜25cm×約 15 本

仕上がり寸法　…………底：15cm×15cm、
　　　　　　　　　縁：18cm×18cm、高さ：5cm

所要時間　下準備…………… 1 時間 30 分
　　　　　　　編む……………… 1 時間 30 分

樹皮を使ってバッグをつくってみましょ
う。網代編み、縄編み、網代巻どめ、
この3つの技法に持ち手をプラスして、
つくれるバッグです。

ヤマブドウのバッグ
つくり方 → 42 ページ

胡桃のバッグ
つくり方 → 80 ページ

ヤマブドウの
網代編みのバッグ
つくり方 → 43 ページ

樹皮でつくったバッグ
基本のつくり方

ヤマブドウのバッグ

タテ材の幅を、指定以上に太くすると、3本縄編みの押さ
えが甘くなり、仕上がり後、乾燥によりよじれが出てしま
います。隙間が出ないよう、編み目を詰めて編みましょう。

作品→40ページ

作品→40ページ

材 料

ヤマブドウ・樹皮	……………………… 1.5kg
板（木型用）厚さ：約1cm	…………… 45×60cm×1枚
釘	……………………………………… 適量
金づち	……………………………………… 1丁
画鋲（刺す部分が長いもの）	………………… 約50個
ゴムバンド	…………………………… 60cm×2本
フローラルテープ（黒または茶）	……………… 200cm
ワイヤ	…………………………………………… 適量

下準備

縦のタテ材　幅：7mm	…………………………… 70cm×34本
横のタテ材　幅：7mm	…………………………… 90cm×11本
ヨコ材（網代編み用）幅：7mm	……………… 90cm×7本
アミ材（3本縄編み用）幅：3mm〜5mm	……… 200cm×約14本
縁材（合わせ縁用）幅：1cm	……………… 100cm×2本
（網代巻どめ用）幅：5mm	…………… 約120cm×10本
持ち手材（芯用）幅：3mm〜4mm	……… 80cm×適量
（巻き用）幅：5mm	……………… 130cm×2本

◆ 木型をつくる

板から上板1枚、底板1枚、横
板2枚、合計4枚カットして、
釘で打って組み立てる。

上板＆底板 …………　9cm×27cm
　　　　　　縦、横に中央線を引く
横板 ………………… 26cm×27cm

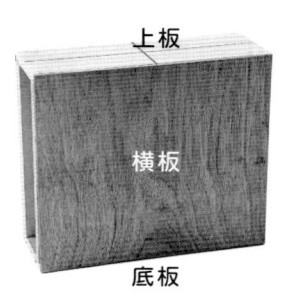

上板
横板
底板

仕上がり寸法 ……………底：11cm×28cm、縁：13cm×27cm、
　　　　　　　　　　　　高さ：23cm（持ち手まで含めると35cm）

所要時間 下準備……………………………………………1週間
　　　　　編む……………………………………………3時間

つくり方
の手順

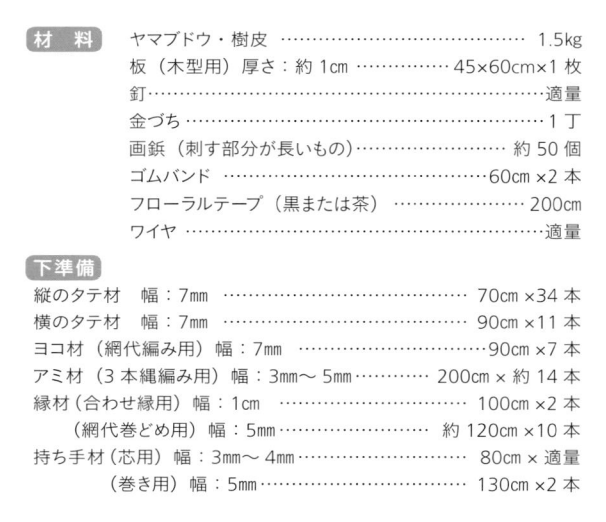

1
網代組み

底
・網代組み

①木型の底板の縦の中央線に、縦のタテ材の長さ
の中央を合わせ、縦のタテ材34本を並べ、画鋲
で仮どめする。

②横のタテ材11本で、網代組みをする **P.99**。
木型にぴったりはまるように組み、ずれないように画
鋲を打つ。

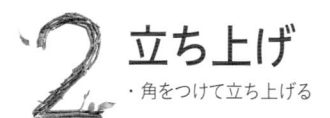

2

立ち上げ
・角をつけて立ち上げる

①タテ材を木型の側面に添わせて、くせをつける。

②角をつけて立ち上げる。
　タテ材の間隔を揃え、画鋲で仮どめする。

③ゴムバンドをはめて、さらに上部も画鋲で押さえ
　たら、いったん乾燥させて落ちつかせる。

3 側面

- ・網代編み
- ・3本縄編み

網代編み

側面のタテ材を1本足し、ヨコ材（網代編み用）で7段、網代編みをする。1段ずつヨコ材を足して編みつなぐ。

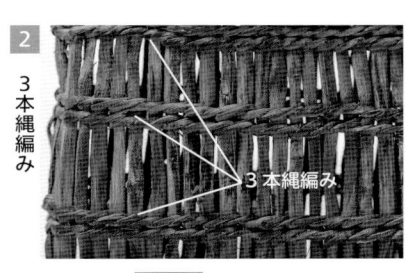

3本縄編み

3本縄編み P.100 を2段かける。2〜3cmあけてまた2段かける。これをあと2回行い、計8段編む。側面を編み終えたら木型をはずす。

4 縁

- ・合わせ縁
- ・網代巻どめ

合わせ縁

タテ材を縁芯にかけて網み目にしっかり差し、ワイヤで仮どめする P.104 。

網代巻どめ

表

裏

網代巻どめ P.104 （7本飛び6本戻り）で縁をとめる。

5 持ち手

- ・芯を取りつけ巻きとめる

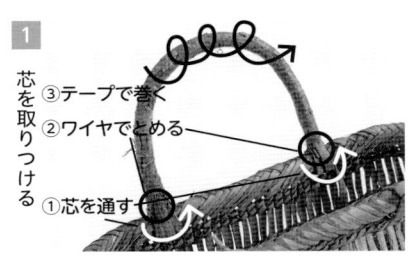

芯を取りつける

③テープで巻く
②ワイヤでとめる
①芯を通す

持ち手材（芯用）を好みの本数束ね、好みの位置に通し、両サイドをワイヤで仮どめし、フローラルテープを巻いて固定する。

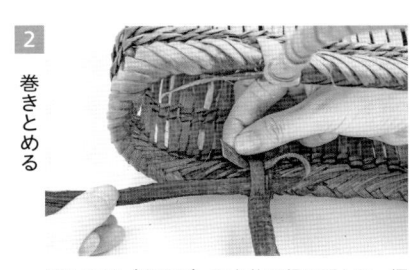

巻きとめる

持ち手材（巻き用）を本体の縁に通して、編み目にしっかりとめつける。

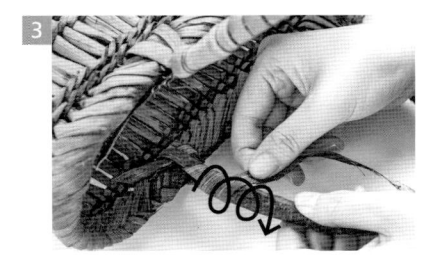

中心に向かって巻きつける。

持ち手の反対側まで巻きつける。

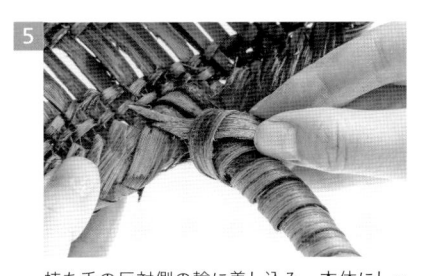

持ち手の反対側の輪に差し込み、本体にしっかりとめつける。

作品→41ページ、64ページ

同じ技法でつくれます

ヤマブドウの網代編みのバッグ

ヤマブドウのバッグの網代（あじろ）編みの部分のみでつくれるバッグです。側面の編み終わりに3本縄編みをかけ、5本飛び4本戻りの網代巻どめで縁をとめます。持ち手は、リングに通して巻きます P.85 。

下準備

縦のタテ材　幅：5mm	……………………	60cm×48本
横のタテ材　幅：5mm	……………………	85cm×16本
ヨコ材　幅：5mm	……………………	100cm×27本
縁材（合わせ縁用）幅：1cm	…………	100cm×2本
（網代巻どめ用）幅：5mm	…………	120cm×約12本
持ち手材（芯用）幅：3mm〜4mm	……	100cm×適量
（巻き用）幅：5mm	……………………	160cm×2本

仕上がり寸法 …底：12cm×32cm、縁：15cm×32cm、高さ：20cm（持ち手まで含めると35cm）

所要時間　下準備…………………………… 10日間
　　　　　編む……………………………… 2時間30分

※材料はヤマブドウのバッグを参考にしてください。

43

籐と樹皮を使って
バッグづくし

籐、つる、樹皮の編み方の基本を押さえたら、かごづくりも自由自在。好みの編み方で、憧れのバッグづくりに挑戦してみましょう。

**籐の
八百屋さんバッグ**
つくり方→46ページ

**ヤマブドウの
乱れ編みのバッグ**
つくり方→84ページ

ヤマブドウの
花編みのバッグ
つくり方 → 86 ページ

背取り籐の
石畳編みのバッグ
つくり方 → 82 ページ

バッグ
基本のつくり方

作品→ 44 ページ

籐（とう）の 八百屋さんバッグ

底はタタミ編み組みをしっかり編み、
3 本縄編みをきっちりかけましょう。
側面はふくらみをきれいに編めるかどう
かがバッグの仕上がりの決め手です。
編み出しに注意しましょう。

材　料	籐・丸芯　太さ：2.5mm ……………………… 700 g
	籐・丸芯　太さ：6mm（持ち手用）……… 30cm ×2 本
	ラタンボード ……………………………………… 1 枚
下準備	縦のタテ芯 ………………… 110cm ×30 本（15 組）
	横のタテ芯 ………………… 120cm ×18 本（9 組）
	アミ芯 ………………………………… 残りを使う
仕上がり寸法	…………… 底：17cm ×33cm、縁：15cm ×35cm、
	高さ：28cm（持ち手まで含めると 40cm）
所要時間	下準備 ……………………………………… 30分
	編む …………………………………………… 3 時間

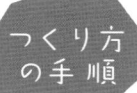

つくり方
の手順

底
・タタミ編み組み
・引き返し編み
・3 本縄編み

1 ラタンボードに縦のタテ芯 15 組を 2cm間隔で中央を合わせて並べ、押さえ板で固定する。横のタテ芯を、中央を合わせて編み入れる。

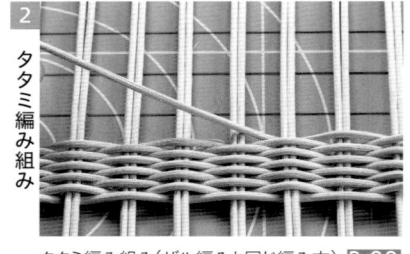

2 タタミ編み組み 　タタミ編み組み（ザル編みと同じ編み方）**P.99** を、左右両端の縦のタテ芯で引き返しながら編み進む。これを引き返し編みという。

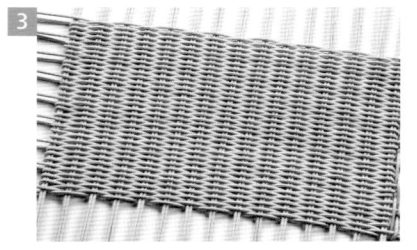

3 横 9 組、縦 15 組まで編み進んだらボードからはずす。

4 引き返し編み　左右に出した横のタテ芯 9 組を、両側から 3 回引き返して編む（引き返し編み）。手で編み目を詰めながら編むと、しっかり編める。

5 編み終わった所でアミ芯をカットする。反対側も同じ要領で引き返し編みを行う。

2 立ち上げ

- 3本縄編み
- カーブをつけて立ち上げる

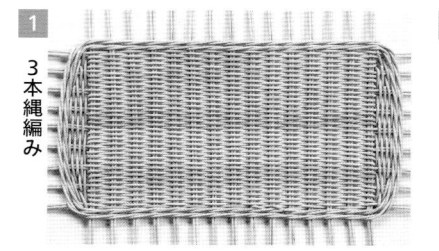

3本縄編み

底に3本縄編み P.100 を1周かける。タテ芯の間隔を均等に整えながらしっかりかける。

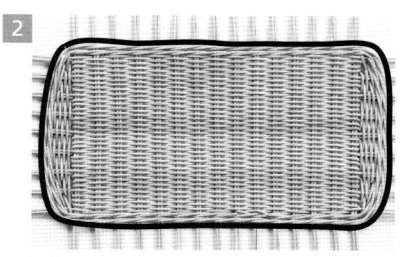

1 の3本縄編みの際のタテ芯をエンマペンチに噛ませ、カーブをつけて立ち上げる。

3 側面

- 3本縄編み
- 追いかけザル編み
- 引き返し編み

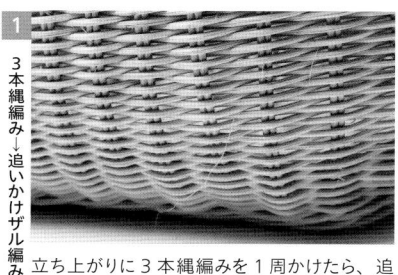

3本縄編み→追いかけザル編み

立ち上がりに3本縄編みを1周かけたら、追いかけザル編み P.100 で編み進む。

タテ芯に側面のカーブをつけながら、追いかけザル編みで高さ約21cmまで編む。

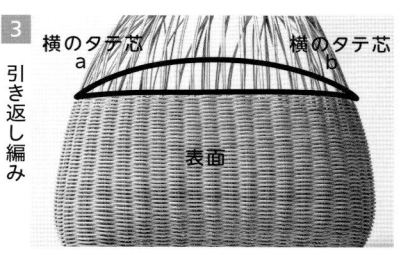

引き返し編み

横のタテ芯 a　横のタテ芯 b　表面

上部の、a の横のタテ芯9本の中央の3組と、b の横のタテ芯の中央の3組を残して、表（おもて）面に引き返し編みをする。

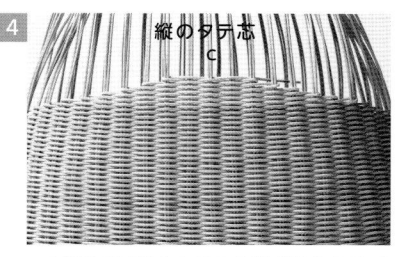

縦のタテ芯 c

c の縦のタテ芯の中央の3組が残るまで、9回引き返し編みをする。終わったら反対側も同様に行う。

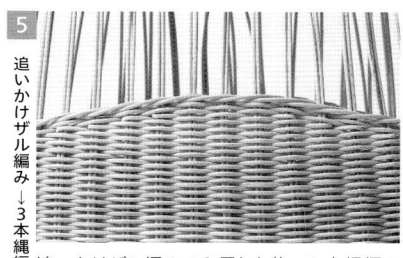

追いかけザル編み→3本縄編み

追いかけザル編みで2周した後、3本縄編みを1周かける。

4 縁

- 捻りどめ

くせづけする

すべてのタテ芯をエンマペンチに噛ませる。

三重の捻りどめ ③ ② ①

捻りどめ

三重の捻りどめでとめる P.102 。1回目と2回目は2本飛ばし、3回目は1本飛ばし。

5 とめ具 ＆持ち手

- 玉リング＋三つ編みひも
- 芯を取りつけ巻きとめる

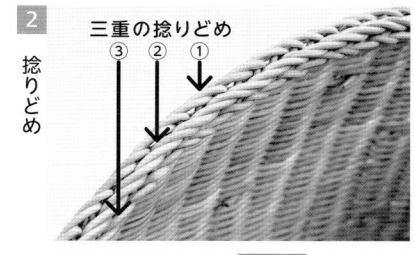

玉リング＋三つ編みひも

表　　裏

アミ芯でとめ具の玉リングと、とめ具にかける三つ編みひもをつくる P.105 。長さを調節し、バッグの本体内側に潜らせてしっかりとめる。

芯を取りつけ巻きとめる

持ち手用丸芯を、縁に差し込む。アミ芯を3往復巻きつけ、アミ芯の残りを巻き目にしっかり差し込んでとめる P.106① 。

Chapter 03
つくってみたい 竹皮のかご
竹皮の種類

竹皮とは、タケノコを包んでいる皮が、竹の成長とともに自然に剥がれ落ちたものです。竹皮には劣化しにくい、乾燥に強い、撥水性が高いなどの特徴があり、細工物の他、食品包装などに利用されます。この本ではコイリング（渦巻き状にする技法）の手法で作品をつくります。

マダケ。1節に2枚の竹皮が抱き合わせにつく。

竹皮の種類

竹には多くの種類があり、種類により性質が異なります。よく使われるのは全国に分布しているマダケで、他にカシロダケ、ハチク、モウソウチクなどがあります。なお、タケノコについている竹皮は折れやすく、かごを編む素材としては不向きです。

竹皮の採取・乾燥・保存

マダケの竹皮の収穫期は6月中旬〜7月上旬の数週間。晴れた日の午前中に拾い、風通しのよい日陰で乾燥させ、新聞紙に包んで保存します。

マダケ
平らで滑らか、黒い斑紋があり、生育環境、採取時期が適切なものは柔らかく長い皮が取れる。1枚の平均的な大きさ：長さ65cm×幅18cm

カシロタケ
斑点の色が薄く、柔らかく丈も長いが、生育範囲が限られているので、入手は難しい。1枚の平均的な大きさ：長さ55cm×幅20cm

ハチク
皮にはブチがなく白皮とよばれ、丈が短い。1枚の平均的な大きさ：長さ25cm×幅12cm

竹皮の下準備

購入または保存していた竹皮に、霧吹きなどで水分を与え、新聞紙に包んで湿気を吸わせてから作業します。

1
竹皮の反りを重しなどでならしておく。端の反り返りやすい部分に目打ちを入れ、目的の幅になるように、繊維に沿って切り離す。

2
左右両端の余った部分は、細く裂いて芯材に使う。

竹皮で つくったかご

平安時代から食品を包む素材として使われてきた竹皮。しなやかなで扱いやすい質感なので、かご初心者にもおすすめの素材です。

竹皮のふたつき小物入れ
つくり方 → 51 ページ

竹皮の平皿
つくり方 → 50 ページ

竹皮でつくったかご
基本のつくり方

作品→ 49 ページ

竹皮の平皿

竹皮は、羊かんや弁当の包装などからも手に入ります。コイリングに入る前に、芯材をしっかりまとめておくことが、きれいに仕上げるコツです。

材　料	竹皮　大きさ:40cm×15cm ··············· 6枚
	針（手芸用） ··············· 1本
下準備	············· 平打ちで縦に幅 3mm〜 5mmほどに裂いておく
仕上がり寸法	············· 底：直径 20cm、高さ：3.5cm
所要時間	下準備 ··············· 20分
	編む ··············· 1 時間

つくり方
の手順

1
底

1 芯を作る

5cm

細く割いた竹皮 3 〜 4 本を束にして、先を 5cmほど折り曲げる。

2

竹皮の長い所を裂いて針に通し、**1** で折り曲げた輪のほうから隙間なく巻く。

3 コイリング

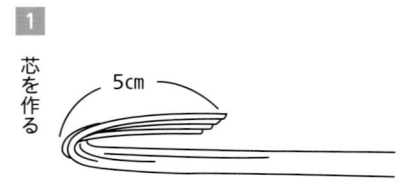

2 の先を輪にする。

4

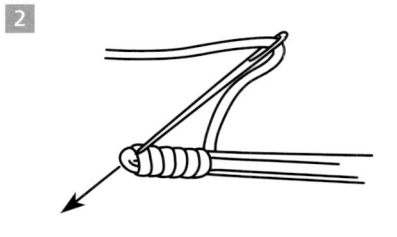

輪の中心に針を通して、3 ヵ所とめる。

5

2 周目以降、前の周の皮の中央を裂くように針を刺す。

2 立ち上げ

立ち上げ

1 コイリングを続けながら、自然に立ち上げる。

2

立ち上げは、できあがってからでも調整できる。

3 側面
・コイリング

コイリング

1

前の周にかけながら、直径20cmまで編み進める。

2 つなぎ

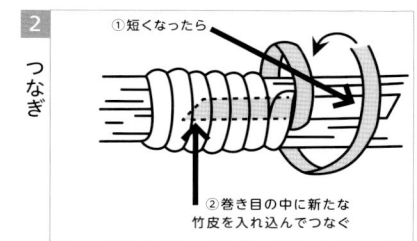

①短くなったら
②巻き目の中に新たな竹皮を入れ込んでつなぐ

コイリング材が短くなったら、途中で新たな竹皮をつなぎながら編み進める。

4 縁

コイリング

1

ギリギリまでコイリングを続ける。

2

しっかり巻き込み、最終周で自然な流れで前の周に添わせて入れ込む。

竹皮のふたつき小物入れ

基本の編み方は平皿と同じです。
底を直径20cmまで編んだら、表と裏をひっくり返して立ち上げ、縦方向にコイリングを続け、高さ6cmまで編みます。
側面は、心もち、内側に向かって狭くするとおさまりがよく仕上がります。
ふたは本体と同じつくり方で、底より1cm広く仕上げましょう。飾りはワイヤでくくり、編み目に通してふたの裏でとめます。

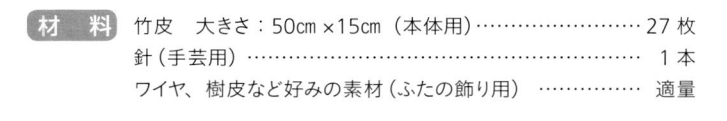

同じ技法でつくれます

材料 竹皮　大きさ：50cm×15cm（本体用）……………… 27 枚
針（手芸用）……………………………………… 1 本
ワイヤ、樹皮など好みの素材（ふたの飾り用）…………… 適量

下準備 ………………… 平打ちで幅 3mm〜 5mmほどに裂いておく

仕上がり寸法 底：直径 20cm、縁：直径 16cm、高さ：7cm、
ふた：直径 18cm、高さ：3.5cm

所要時間 下準備 ……………………………………… 30分
編む …………………………………………… 8 時間

作品→ 49 ページ

わらはイネ科植物の茎を乾燥させたものです。原料のわらを下処理することで、編みやすい素材にします。

わらの下処理から下準備まで

袴（葉に当たる部分）を取る「わらすぐり」と、わらの組織を砕いてわらを柔軟にする「わら打ち」をする。

| 1 原料わらの入手 | 2 わらすぐり | 3 わら打ち | 4 打ちわらの完成 | 5 縄をなう | 6 わら縄の完成 |

1 原料わらの入手

わら細工用、しめ飾り用、菜園用などが市販されている。かごの素材には質がよく長いものにする。田んぼの落穂拾いで集めたわらは、7～10日干してから束ねておく。

2 わらすぐり

わらをしごいて余分なものを取り除き、茎だけにする作業。束ねたわらの穂側を持ち、「わらすぐり機」でしごくか、少しずつ指先で髪の毛を櫛でとかすようにすいて、袴（葉に当たる部分）などを取り除く。わらすぐりで出た余分なわらは、菜園の敷きわらなどに利用する。

3 わら打ち

わらを濡らした新聞紙に包むなどしてまんべんなく湿らせ、節が多い根元部分とやや硬い穂先の部分を念入りに叩く。組織を壊すことで加工しやすくなり強度が増す。ただし、叩きすぎに注意する。自動車のタイヤで何べんもひいてもよい。

4 打ちわらの完成

乾燥させて新聞紙に包んで保存する。打ちわらはホームセンターなどでも購入できる。

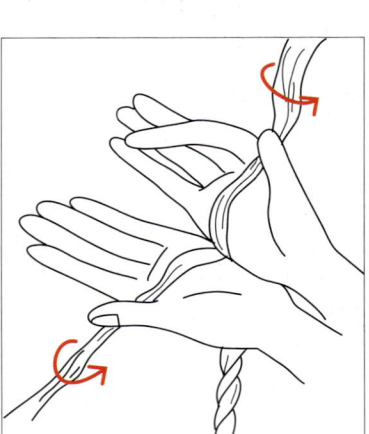

わらを何度も手のひらで擦り合わせてない、縄にしていく。

5 縄をなう

同量のわらの束2組を手のひらで挟み、手のひらをこすり合わせるようにして同時にねじり、ねじりと逆方向にからみ合わせる。ねじりが戻ろうとする力で、わらの束がからみ合い、縄になる。適量のわらを追加しながら、同じ太さになるように長い縄をなう。はじめてなう時は、太さの揃った長めのわらを3本ずつ2組から始めるとよい。

わらで つくったかご

わらの自然の色合いや香りは格別。使い込むほどになじんで変化していくのも魅力です。ひと目ひと目しっかり編むことで強度が増していきます。

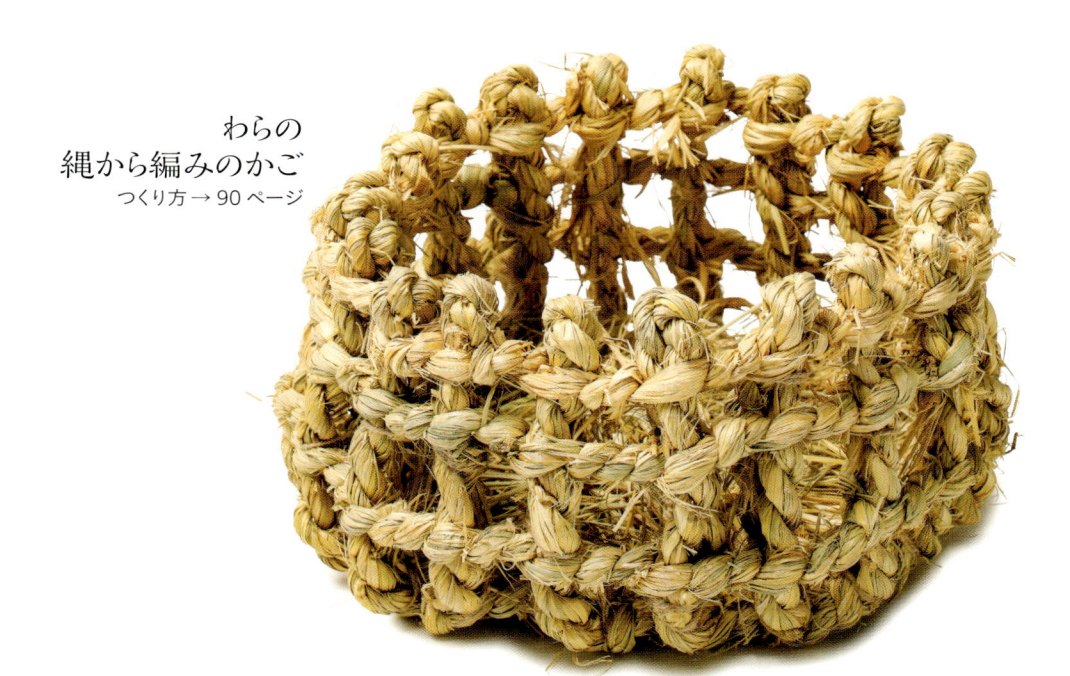

わらの
縄から編みのかご
つくり方 → 90 ページ

わらの
四つ目編みのかご
つくり方 → 54 ページ

作品→ 53 ページ

わらの
四つ目編みのかご

わらを編む時は、霧吹きなどで水分を補い
ながら行うとうまくできます。
カットする時は、よく切れる庭木の剪定ば
さみを使い、切口の方向を揃えてカットし
ましょう。

材　料	打ちわら ……………………………… 2 束（600g～800g）
	ラタンボード ………………………………………………… 1 枚
	麻ひも ……………………………………………………………適量
下準備	縦のタテ材　1 束 20 本 …………………………80cm ×8 束
	横のタテ材　1 束 20 本 …………………………80cm ×8 束
	ヨコ材 ………………………………………………… 残りを使う

◆ タテ材の準備の仕方

① 10 本ずつ先と元を逆向きに束ねる。元の方がロスが多いので、元を少し
出しておく（束ねる時にどこの部分になるか把握しておくとよい）。
② 1 束 20 本ずつでしっかり束ね、麻ひもなどで固く縛っておく。
③これを縦のタテ材 8 束、横のタテ材 8 束、合計 16 束つくる。

　　　　　　　はさみでカットする部分

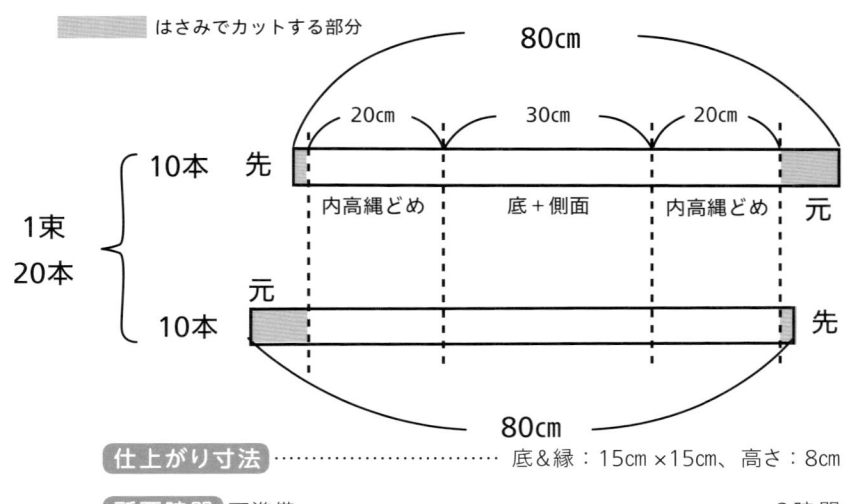

仕上がり寸法	…………………… 底＆縁：15cm ×15cm、高さ：8cm
所要時間	下準備……………………………………………………………… 2 時間
	編む…………………………………………………………………… 1 時間

1 底

・四つ目組み
・2本縄編み

1 四つ目組み

ラタンボードに、底寸法（15cm×15cm）を記し、縦のタテ材と横のタテ材を8本ずつ用意。わらの中央部で四つ目組み P.99 をする。

2 2本縄編み

2本縄編み

柔らかく打ったわら2〜3本で、2本縄編みを P.100 1周かける。

2 立ち上げ

・カーブをつけて
　立ち上げる

1

タテ縄全体に丸みを持たせて、すべてのタテ材を側面に立ち上げる。

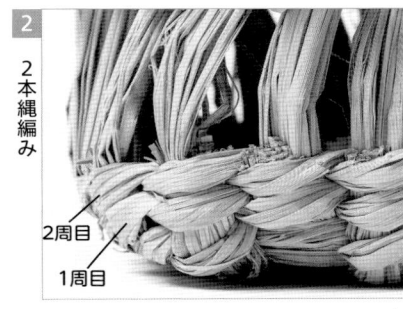

2 2本縄編み

2周目
1周目

立ち上がりに2本縄編みを2周かけて固定する。

3 側面

・棚編み
　（2本縄編み）

1 棚編み（2本縄編み）

2本縄編み　棚編み

立ち上がりにかけた2本縄編みから5cmほど上の位置にさらに2本縄編みを3周かける。

2

心もち内側に締め、しっかりかける。麻ひもは順次はずす。

4 縁

・内高外出しどめ
・2本縄編み

1 内高外出しどめ

わらをすいて太さを整え、まず内高縄どめ P.103 をする。タテ材を隣のタテ材に内側から外側へからめながら1周する。

2

新たに長めのわらを1本選び、内高縄どめしたタテ材を、2本縄編みで本体にとめる。余分なタテ材を、2cm残してカットする。

わらをもっと楽しむ
猫つぐらづくし

猫好きにおすすめなのが、わらでつくった「猫つぐら」です。「つぐら」とは信越地方の方言で「器（うつわ）」という意味。デザインは用途に合わせてお好みのものを。

小さな猫つぐら
つくり方→ 59 ページ

猫つぐら
つくり方→ 58 ページ

56

猫ベッド
つくり方 → 59 ページ

コロコロつぐら
つくり方 → 92 ページ

猫つぐら
基本のつくり方

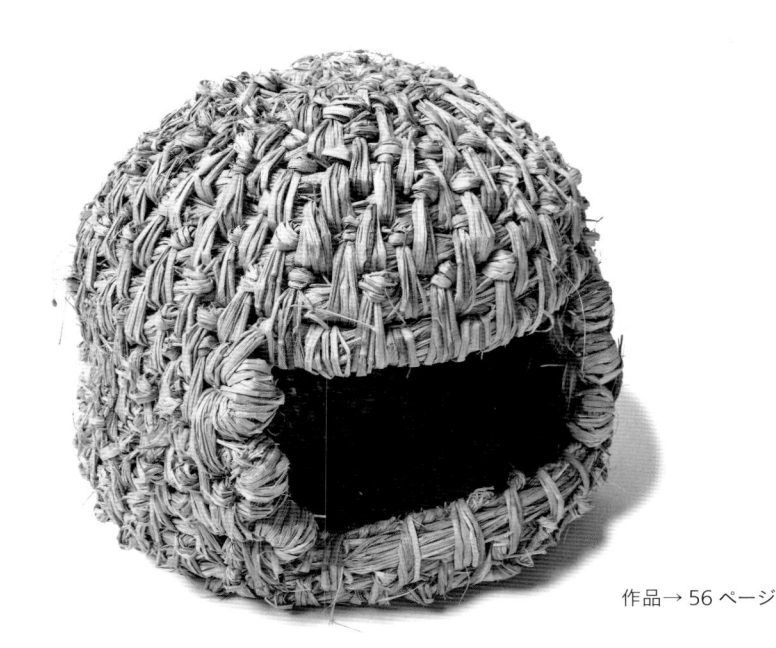

作品→ 56 ページ

猫つぐら

わらの長さはものにより異なりますが、わら自体をつないだり結んだりする必要はありません。差しわらと足しわらのさじ加減で仕上げます。

材 料	打ちわら・・・・・・・・・・・・・・・・・・・・・ 20 束（6kg〜 8kg）
	畳針 ・・・・・・・・・・・・・・・・・・・・・・・ ´ 本
	ピンチなどとめるもの ・・・・・・・・・・・・・・・・適量
下準備	・・・・・・・・・・・・・・・・・・・ 打ちわらをそのまま使う
仕上がり寸法	・・・・・・ 底：直径 25㎝、高さ：35㎝、出入口：12㎝×15㎝
所要時間	下準備 ・・・・・・・・・・・・・・・・・・・・・ 1 時間 30 分
	編む ・・・・・・・・・・・・・・・・・・・・・・・・ 3 日

つくり方の手順

底
・差しわら
・足しわら
・巻き上げ捻り
・コイリング

1 差しわら＆巻き上げ捻り

1 本のわら（芯わら）で直径 6㎝のリングをつくり、結合部を 5 〜 6 回巻く。リング中央にわらを 1 本差し入れ（差しわら）、芯わらに巻き、捻って（巻き上げ捻り）添わせる。

2 足しわら

リングの芯わらが足りなくなる前に、リングの内側に差し込むように芯わらを足しながら（足しわら）編み進む。

3 コイリング

差しわらを芯わらに巻く。

4

差しわらどうしを捻って芯わらに添わせる。

5

2 〜 **4** を繰り返しながら、直径 25㎝まで編み進む。

58

2 立ち上げ ・コイリング

コイリング

底を25cmまで編んだら、縦方向にコイリングを続けて立ち上げる。

斜めに2周編み進めるとゆるやかに立ち上がる。

3 側面 ・コイリング

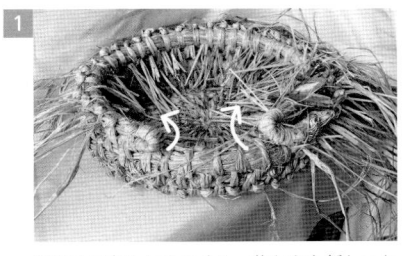

3周目に出入口をつくる。芯わらを新しいわらで巻き、ペンチで折り返して次の段へ。

コイリング

徐々に内側が狭くなるように、天井まで同じ編み方で編み進む。

4 縁

最後は麻ひもを使って芯わらをまとめる。

編み目が外に出ないように畳針でとめる。

猫ベッド

材 料	打ちわら … 17束（5kg〜7kg）
下準備	打ちわらをそのまま使う
仕上がり寸法	底：直径30cm、高さ：17cm、出入口：11cm×15cm
所要時間	下準備………… 1時間30分　編む………… 2日

大きな猫つぐらと同じつくり方で、天井をつくらず、出入口で縁の処理をします。
縁は、三つ編みしたわらを「差しわら」に通して1周し、端でしっかりとめつけます。

同じ技法でつくれます

小さな猫つぐら

材 料	打ちわら 15束（4.5kg〜6kg）
下準備	打ちわらをそのまま使う
仕上がり寸法	底：直径25cm、高さ：30cm、出入口：11cm×10cm
所要時間	下準備………… 1時間　編む………… 2日

大きな猫つぐらと同じつくり方で小さくつくります。編む量が少ない分、手軽につくれます。

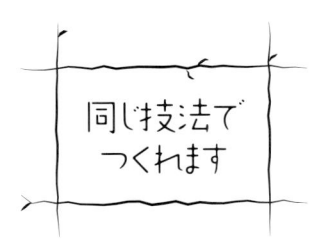

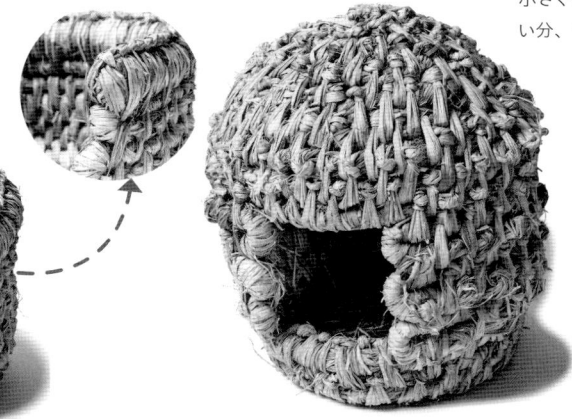

Chapter 05

つくってみたい
小枝のかご
フレームからつくるかご

つるや樹皮だけでなく、小枝も魅力的なかごづくりの素材です。剪定の季節は、小枝を見つけるチャンスです。ちょうどいい小枝を見つけたら、日陰で乾燥させておきましょう。

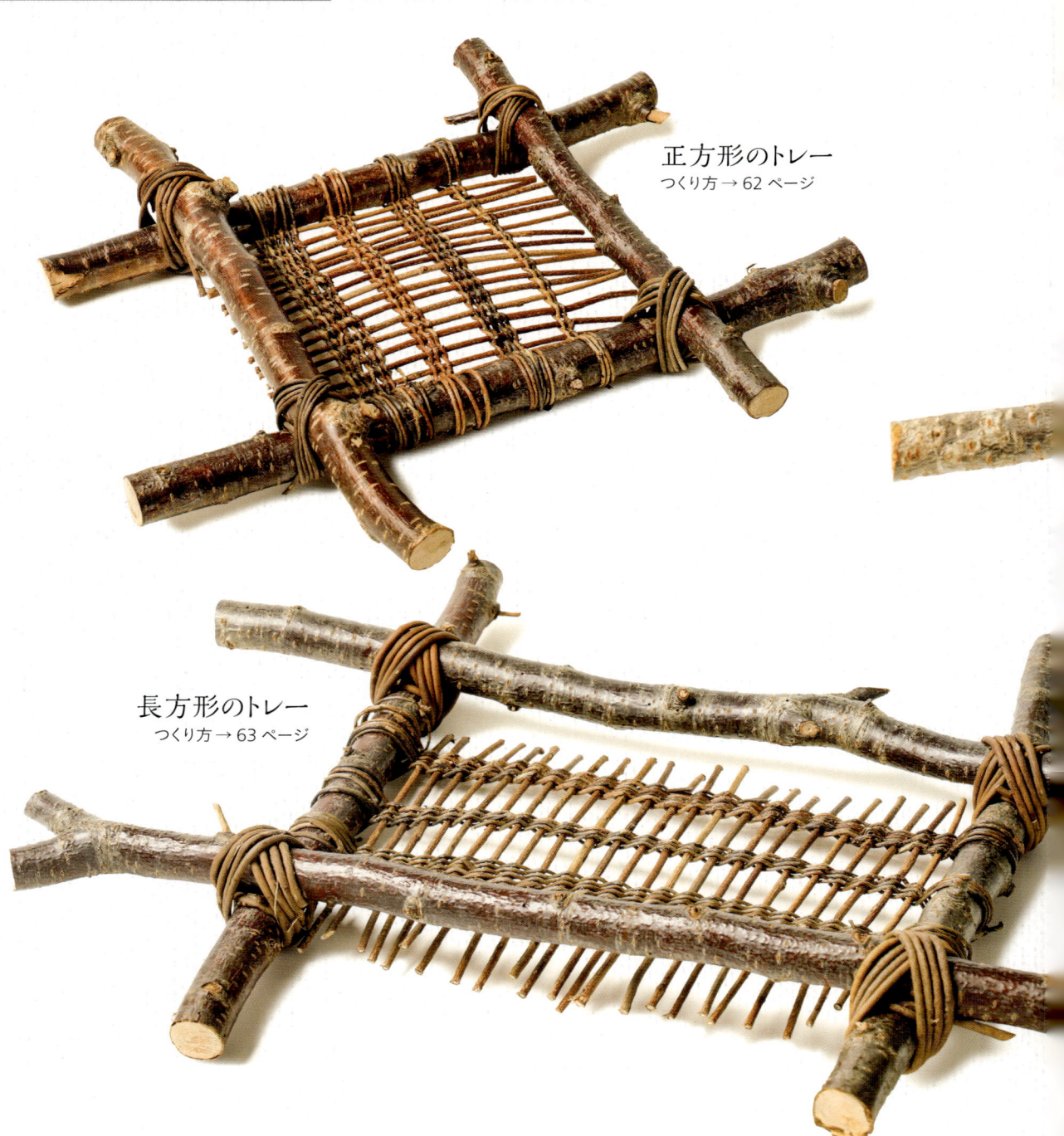

正方形のトレー
つくり方 → 62 ページ

長方形のトレー
つくり方 → 63 ページ

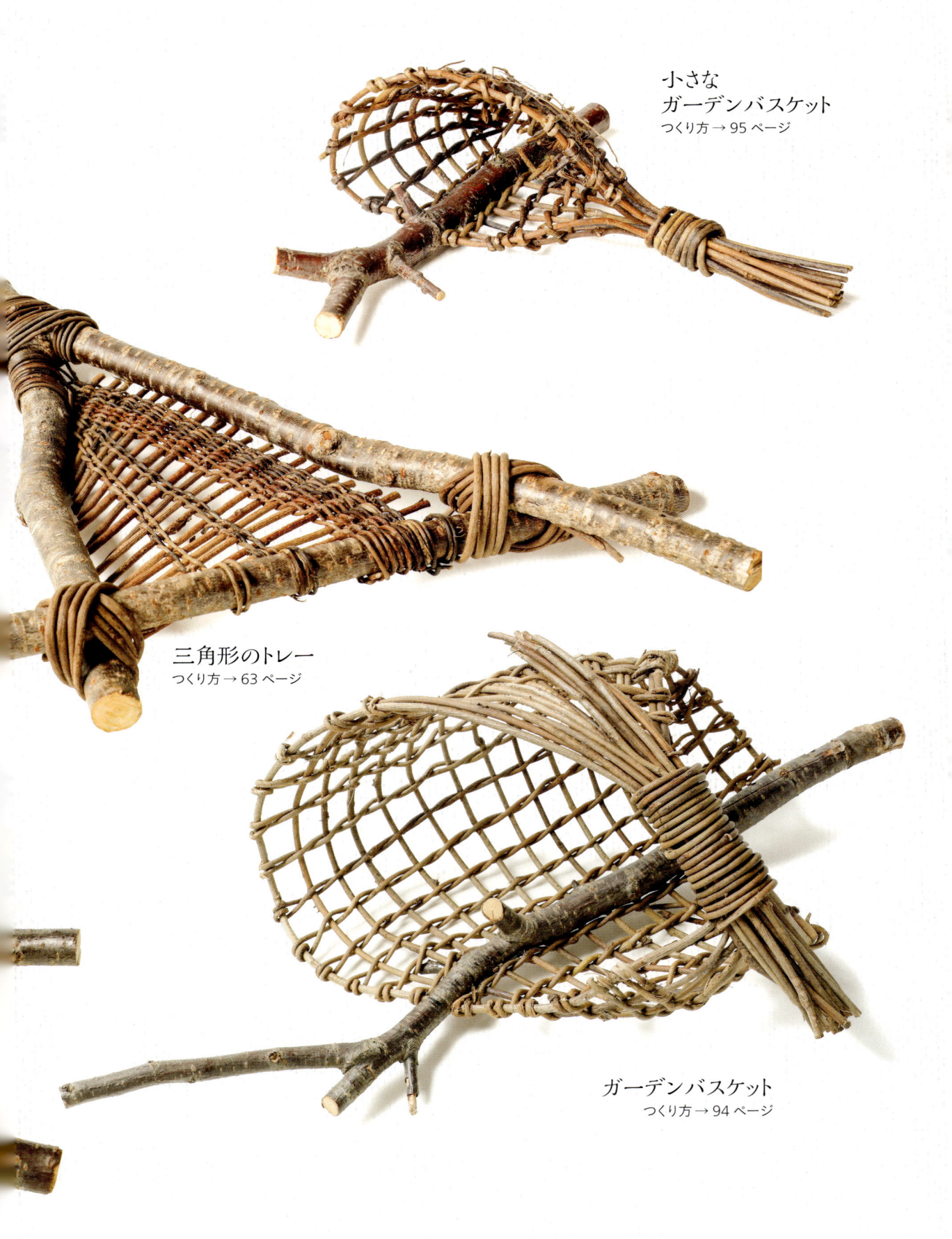

小さな
ガーデンバスケット
つくり方 → 95 ページ

三角形のトレー
つくり方 → 63 ページ

ガーデンバスケット
つくり方 → 94 ページ

小枝を使ったかご
基本のつくり方

正方形のトレー

小枝は乾いたものでないと、制作後に乾燥して接合部がゆるむため、十分乾燥させましょう。前シーズンのものなら安心です。太さや長さは、置きたい場所に合わせて好みのものを選びましょう。

材　料
桜枝　太さ：2.5cm（フレーム用）……50cm×4 本
アケビ・つる　太さ：3mm ……………… 200g
エゾアケビ　太さ：2mm〜 4mm ……… 100g
釘　長さ：4cm …………………………… 4 本
金槌……………………………………………… 1 本

下準備
巻き材 / エゾアケビ　太さ：2mm …… 160cm×4 本
タテ芯 / アケビ ……………………… 25cm×17 本
アミ芯 / エゾアケビ　太さ：4mm …… そのまま使う

仕上がり寸法 …………………… 50cm×50cm

所要時間　下準備………………………… 30 分
　　　　　　編む…………………………… 2 時間

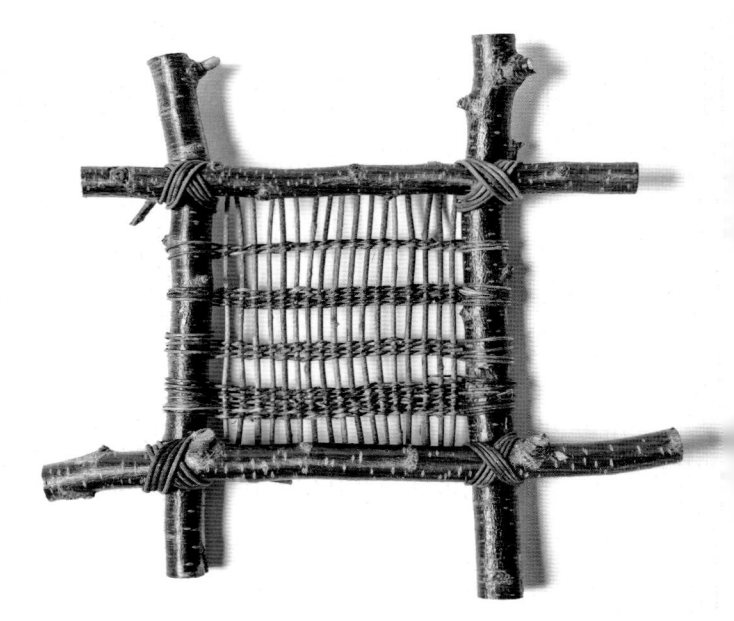

作品→ 60 ページ

つくり方の手順

1 フレームを組む
・十字巻き

1 桜枝を四角に組み合わせて四隅に釘を打つ。

2 十字巻き
1 の接合部をエゾアケビで十字巻きをして固定する。まず、枝と枝の間から巻き材を通す。

3 左上から右下に 4 回転させる。

4 裏返して、3 の巻き目の隙間へ巻き材を通す。

5 3 と逆方向（左下）から（右上へ）巻き材を接合部にかける。

6 4回転させる。

7 再び裏返して、6 の巻き目の隙間に巻き材を通す。

8 しっかり締めて固定する。四隅すべてに十字巻きをする。

2 タテ芯を並べる

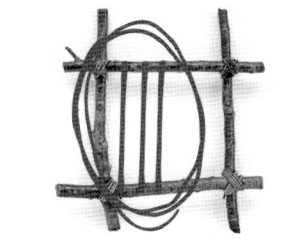

1 フレームの下にタテ芯 17 本を並べる。

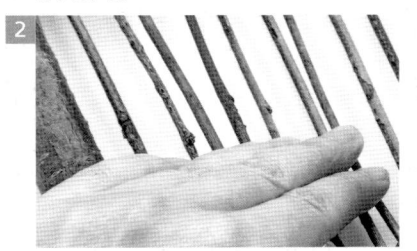

2 できるだけ同じ間隔になるように整える。

3 編 む
・2本縄編み

1 アミ芯で2本縄編み P.100 をする。端まで編んだら、フレームに1回巻きつけて引き返し、好みに合わせて数段編む。これでタテ芯をフレームにとめる。

2 適度にスペースを開けながら、好みの場所に2本縄編みをかけながら、引き返す時にフレームに巻きつけて固定する。

材 料

桜枝　太さ：2.5cm（フレーム用）…　40cm〜 50cm ×2 本
　　　　　　　　　　　（うち1本は二股のもの）
アケビ・つる　太さ：3mm ………………………… 100g
エゾアケビ　太さ：2mm …………………………… 80g
釘　長さ：4cm …………………………………………… 2 本
金槌 ………………………………………………………… 1 本

下準備　タテ芯 / アケビ　…枝の角度に合わせてカットする
アミ芯＆巻き材 / エゾアケビ ……　枝に合わせてカットする

仕上がり寸法 ……………… 枝の角度により調整

所要時間　下準備 ……………………… 30 分
　　　　　　編む ……………………………… 2 時間

同じ技法で
つくれます

材 料

桜枝　太さ：2.5cm（フレーム用）　……50cm ×2 本
　　　太さ：2.5cm（フレーム用）　……40cm ×2 本
アケビ・つる　太さ：3mm ……………………… 100g
エゾアケビ　太さ：2mm …………………………… 80g
釘　長さ：4cm ………………………………………… 4 本
金槌 ………………………………………………………… 1 本

下準備
タテ芯 / アケビ　………………………… 18cm ×23 本
アミ芯＆巻き材 / エゾアケビ ……… 200cm ×20 本

仕上がり寸法 ………………… 40cm ×50cm

所要時間　下準備 ………………………… 30 分
　　　　　　編む ……………………………… 2 時間

三角形のトレー

二股の枝を見つけたら、三角形
のトレーをつくってみましょう。
作品→ 61 ページ

長方形のトレー

正方形と同じ要領で、
長方形につくります。

作品→ 60 ページ

素材と形を変えることで様々なバリエーションが楽しめます。　**籐の楕円のバスケット**

とう
籐の丸いバスケット

籐のバタフライバスケット

エゾアケビのスクエアバスケット

エゾアケビのバタフライバスケット

エゾアケビの卵入れ

かごバッグを変身させる

布、リボン、ファーを使って

アレンジ次第で表情を変えるかごバッグ。

フレームを使って
欧風スタイルのかご

この本で紹介したかごは、底からつくるものがほとんどですが、ヨーロッパの伝統的なかごづくりは、フレームを使って持ち手と縁を先につくってから編んでいきます。フレームの形や組み方、タテ芯の差し込み方次第で、さまざまなかごができます。

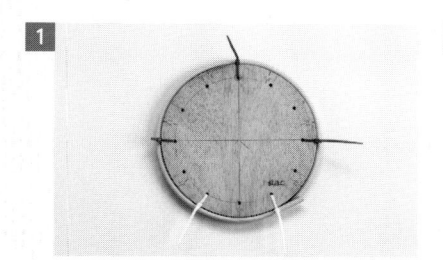

1 材料を水に浸け、型にはめて曲げてフレームをつくる。

2 フレームを組み合わせて、かごの大枠をつくる。

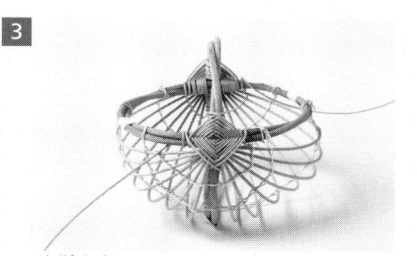

3 「四方根締め」という技法でフレームの結合部をとめる。

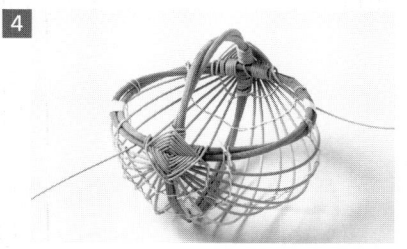

4 タテ芯を差し込んで、全体を整形する。

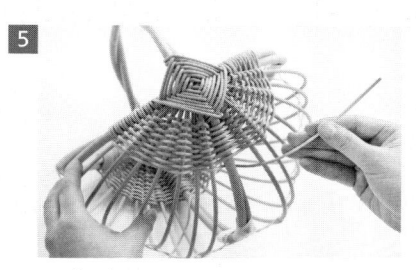

5 アミ芯で編む。

完成

できあがり！

※欧風スタイルのかごの詳しいつくり方は掲載していません。

和服にもフォーマルな装いにも似合うかごバッグ。
シックな色合いとシンプルな形から、流行にも関係なく、長く使うことができますが、
時には、軽やかなイメージにコーディネートするのも楽しいことです。
例えば、内布や内袋に彩り豊かな布で華やかさを添えてみる、リボンやファーなどで
アクセントをつけてみるなど、オリジナルのアイデアを考えてみましょう。

ヤマブドウの網代編みのバッグ

フランスのブランドのプリント生地を合わせました。巾着袋をバッグの中に入れるだけのかんたんなコーディネートです。巾着袋は口を三つ折りにして縫い、布に合う色のひもを2本通します。（かごのつくり方→43ページ）

ヤマブドウの乱れ編みのバッグ

かごバッグを秋冬シーズンも楽しむため、バッグの口に手芸店などで手に入るフェイクファーをつけました。編み目が傷まないように、太めの木綿糸でていねいに縫いつけていきます。（かごのつくり方→84ページ）

アケビのミニバッグ

持ち手はブルーのカバンテープを使い、底で縫い合わせています。内布はイギリスのリバティのプリント生地を袋状に縫い、縁の編み目に縫いつけています。内布の余りはリボンにしました。（かごのつくり方→88ページ）

アケビの 大きなかご

自然素材は、長さも太さも均一ではなく、強さも質感もそれぞれなので調整を加えながら編みます。節や曲がった枝など、素材の味を生かして編むことで、味のある作品に仕上げることができます。

作品→ 12 ページ、17 ページ

仕上がりまでの技法

1, 底	十字組み（3本・4本） ザル編み
2, 立ち上げ	カーブをつけて立ち上げる
3, 側面	ザル編み
4, 縁	内高縄どめ

材　料	アケビ・つる　太さ：4mm〜8mm ⋯⋯⋯⋯⋯⋯	500 g

下準備	タテ芯　太さ：7mm〜8mm ⋯⋯⋯⋯⋯⋯⋯⋯	120cm ×7本
	アミ芯　太さ：4mm〜7mm ⋯⋯⋯⋯⋯⋯⋯⋯	180cm ×6 〜 8本
	足し芯　太さ：4mm〜8mm ⋯⋯⋯⋯⋯⋯⋯⋯	180cm ×2 〜 3本

仕上がり寸法 ⋯⋯⋯⋯ 底：直径23cm、縁：直径32cm、高さ：18cm

所要時間	下準備 ⋯⋯⋯⋯⋯⋯⋯⋯⋯⋯⋯⋯⋯⋯⋯⋯⋯⋯	2時間
	編む ⋯⋯⋯⋯⋯⋯⋯⋯⋯⋯⋯⋯⋯⋯⋯⋯⋯⋯⋯	1時間

つくり方 の手順

底

1　十字組み

タテ芯 120cmの中央で、下に 3本上に 4本を十字に組む P.98 。

2

柔らかいアミ芯を選んで、タテ芯を押さえて四隅にゆるみが出ないようにしっかり 3 回巻く。通すタテ芯を、先ほどとは上下逆にして、さらに 3 回巻く。

3　ザル編み

タテ芯を 1 本ずつに広げ、アミ芯でタテ芯の上と下を交互に通し、ザル編みをする。直径25cmまで編む。

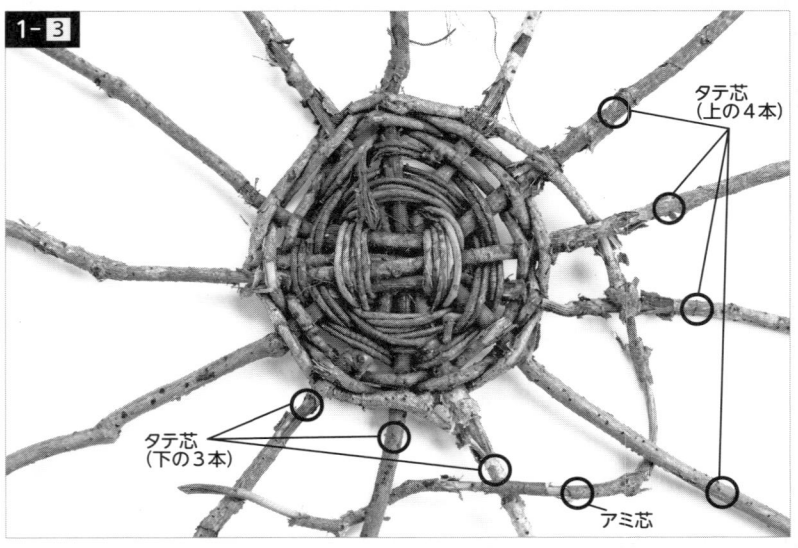

十字組みからタテ芯を広げてザル編みを始める。

4 タテ芯の足し芯

弱いタテ芯や短いタテ芯は、新しいタテ芯を足す。平打ちなどを編み目に差し込み、新しい芯を、編み目3段分くらいまで深く差し込む。ザル編みを続ける。

1-4

タテ芯が折れてしまった時など、足し芯が必要なシーンは多々ある。

2 立ち上げ

1 タテ芯を立ち上げる

手指でくせづけしながらタテ芯をゆるやかにカーブをつけて立ち上げる。

3 側面

1 ザル編み

ザル編みで高さ16cmまで編み進む。

2 タテ芯の足し芯

タテ芯の長さが足りない時は、足し芯をする。平打ちなどを編み目に差し込み、新しい芯を深く差し込む。

3-1

ザル編みで側面を編み進む。

3-2

必要に応じてタテ芯を足し芯する。

4-1-①

すべてのタテ芯を右隣のタテ芯にかけて外側に出す。

4-1-②

できた右隣の輪に、さらにタテ芯を通し、再び外側に出す。

4 縁

1 内高縄どめ

すべてのタテ芯を右隣のタテ芯に内側からかけて外側に出す。
できた右隣の輪に内側から通して外側に出す。
さらに、右隣の輪に外側から通して内側に入れる P.103。

2 飛び出たつるの処理

外に飛び出したつるは、空いている編み目に入れ込んで処理する。

4-1-③

さらにタテ芯を右隣の輪に通して今度はすべて内側におさめる。

4-2

飛び出ているタテ芯は内側に入れ込む。

籐^{とう}の深いかご

大きめのかごを編む時は、タテ芯の足し芯が必要です。
編み進むと、タテ芯どうしの間が広くなってくるので足し
芯をして、編み目が広くなりすぎないように調節します。

作品→ 17 ページ

仕上がりまでの技法

1，底		米字組み（4・4・4・5本）、ザル編み、3本縄編み
2，立ち上げ		角をつけて立ち上げる
3，側面		3本縄編み、ザル編み、3本縄編み
4，縁		内高縄どめ内捻り
5，持ち手		芯を取りつけ、巻きとめる

材料	籐・丸芯　太さ：2.75mm ······················ 500g
	籐・丸芯　太さ：4mm（持ち手用）··········· 30cm ×2本
	籐・丸芯　太さ：4.5mm（縁芯用）········· 100cm ×1本
下準備	タテ芯　太さ：2.75mm ···················· 100cm ×17本
	タテ芯　太さ：2.75mm（足し芯用）····· 45cm ×32本
	アミ芯 ······················· 残りを使う
仕上がり寸法	·········· 底：直径22cm、縁：直径24cm、高さ：14cm（持ち手まで含めると21cm）
所要時間	下準備 ······················· 30分
	編む ······················· 1時間

底　つくり方の手順

1　米字組み

タテ芯を4本、4本、4本、5本にそれぞれまとめ、米字の形に組む P.98 。

2

アミ芯を1本取り、タテ芯の周りを1組おきに上と下に通して、3周編む。続けて、先ほどとは上下逆になるように、タテ芯に通して再度3周編む。

3　ザル編み

タテ芯を2本ずつに分ける（17組にする）。アミ芯で、1つおきにタテ芯の上と下に通してザル編みをする P.100 。

4　タテ芯の足し芯

直径10cmほど編んだら、平打ちで隙間を開けて、足し芯を差し込む。17組のタテ芯のうち、16組に2本ずつ足し芯をし（1ヵ所だけは足し芯をしない）、16組の4本タテ芯と1組の2本タテ芯とする。

5　ザル編み

4本タテ芯（1ヵ所は2本タテ芯）のまま、直径12cmになるまで、ザル編みをする。タテ芯を2本ずつに分けて、直径20cmになるまで、さらにザル編みをする。

6　3本縄編み

アミ芯を2本足し、タテ芯2本飛ばしで（1本下を通したら、次の2本は上を通す）3本縄編み P.100 。1周かけたら、アミ芯は3本とも底の際でしっかりとめてカットする。

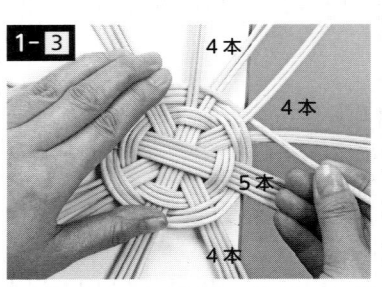

米字組みから、ザル編みに入る。

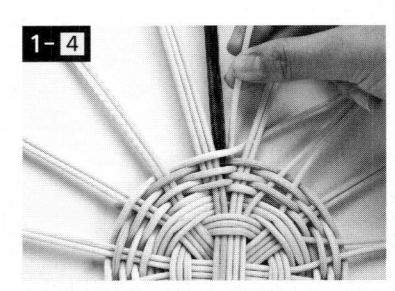

タテ芯の足し芯。平打ちで隙間をつくって足し芯を差し込む。

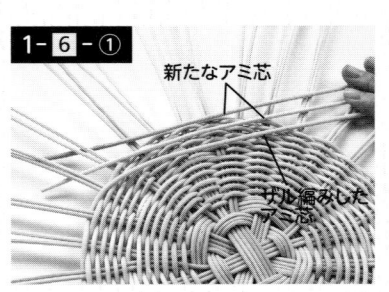

新たなアミ芯
ザル編みしたアミ芯

直径20cmまでザル編みをしたら、新たにアミ芯を2本足す。

タテ芯2本飛ばしで3本縄編み。

はじめに差し込んだタテ芯と交差させて、下から上に出してしっかりとめる。

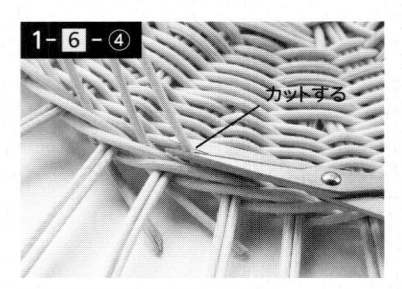

カットする

編み目から出た端材をカットする。

2 立ち上げ

1 角をつけて立ち上げる

底すれすれの所で、タテ芯にエンマペンチを噛ませ、立ち上がりのくせづけをし、角をつけて立ち上げる。

3 側 面

1 3本縄編み

新たにアミ芯を3本用意し、タテ芯3本の間にそれぞれを差し込み、3本縄編みを3周かける。終わったところでアミ芯2本をカットする。

2 ザル編み

残った1本で高さ12cmまでザル編みをする。

3 3本縄編み

新たにアミ芯を2本用意し、 2 の編み終わりのタテ芯に差し込み、アミ芯3本で3本縄編みを1周かける。編み終わりでアミ芯は3本とも内に入れてカットする。

4 縁

1 内高縄どめ

タテ芯を、右隣のタテ芯に内側から外側にかけて外へ出す。

2 内高縄どめ

すべてのタテ芯が外側に出たら、縁芯を当て、縁芯を挟んで、タテ芯を右隣の編み目に外側から内側に差し込む。

3 内捻り

すべてのタテ芯が内側に入ったら、右隣のタテ芯に上から下にかけてひねる P.103 。

5 持ち手

1 芯を取りつける

平打ちを使って縁に隙間をつくり、持ち手用芯を差し込む。

2 巻きとめる

アミ芯を縁の際の編み目に通し、持ち手用芯全体を巻き上げて、反対側の縁の際の編み目に通す。もう1つの持ち手も同じようにして本体に取りつける P.106 2 。

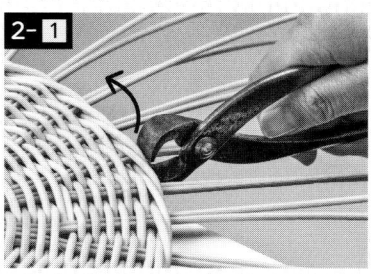

2-1

底の際すれすれの所で、エンマペンチでくせづけして立ち上げる。

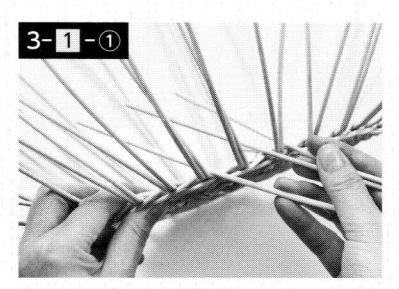

3-1-①

新たにアミ芯を3本差し込む。

3-1-② タテ芯　アミ芯

3本縄編みをかける。

3-2

残った1本のアミ芯でザル編み。

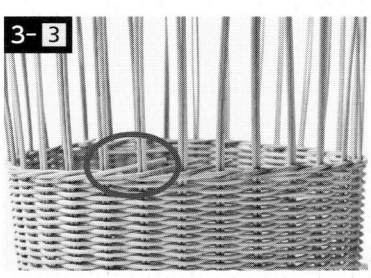

3-3

3本縄編みを1周終えたら、アミ芯をタテ芯の内側に入れて3本とも編み終わりでカットする。

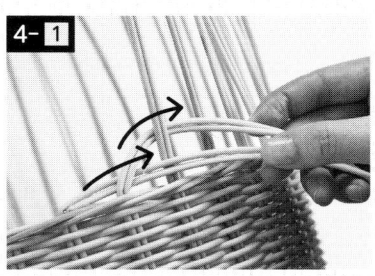

4-1

右隣のタテ芯に内側から外側にかけ、すべてのタテ芯を外側に出す。

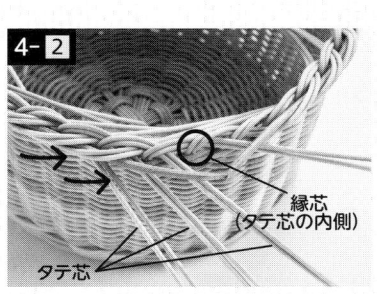

4-2 縁芯（タテ芯の内側）　タテ芯

縁芯を巻き込むようにして、すべてのタテ芯を内側に入れる。

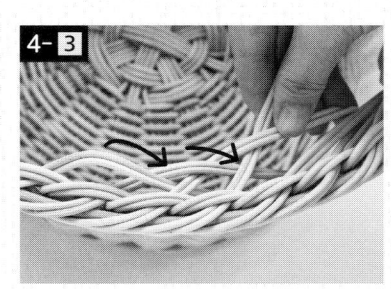

4-3

内側で捻って、隣のタテ芯にからめる。

5-1

平打ちで隙間をつくって、持ち手用芯を差し込む。

5-2

アミ芯で隙間なく巻き上げ、縁の編み目に入れ込む。

クズのトレー

自然素材のかごは、素材次第で、色、質感ともに感激するほど見事な作品ができあがります。

太め、細すぎ、根ひげがついたものなどさまざまですが、太いものは1本で、細いものは数本束ねて使いましょう。

作品→ 12 ページ、25 ページ

仕上がりまでの技法

1, 底	タタミ編み組み、3本縄編み
2, 立ち上げ	角をつけて立ち上げる
3, 側 面	………………
4, 縁	三つ編みに編んでとめる
5, 持ち手	持ち手を編んで編み目に入れ込む

材 料　クズ・つる ………………………………………… 800g
　　　　　ラタンボード ………………………………………… 1枚

下準備
縦のタテ芯　太さ：2mm～4mm……………… 80cm×30～45本（15組）
横のタテ芯　太さ：2mm～4mm……………… 90cm×24本（12組）
アミ芯 ………………………………………… 残りをつなぎながら使う

仕上がり寸法 ………………………… 底：縦28cm×横41cm、
　　　　　　　　　　　　高さ：2.5cm（持ち手まで含めると6cm）

所要時間　下準備 …………………………………………… 1時間
　　　　　　編む ……………………………………………… 2時間

つくり方の手順

1 底

1 タタミ編み組み

26cm×38cmの長方形の底を、タタミ編み組みで組む **P.99**。

ラタンボードを使い、横38cmの間に縦のタテ芯15組を等間隔に並べ、押さえ板で固定する。

タテ芯はつるの太さや強さによって2本1組、または3本1組にする（場所によりタテ芯の本数が違ってよい）。左右の両端は、特に強い材を選ぶ。

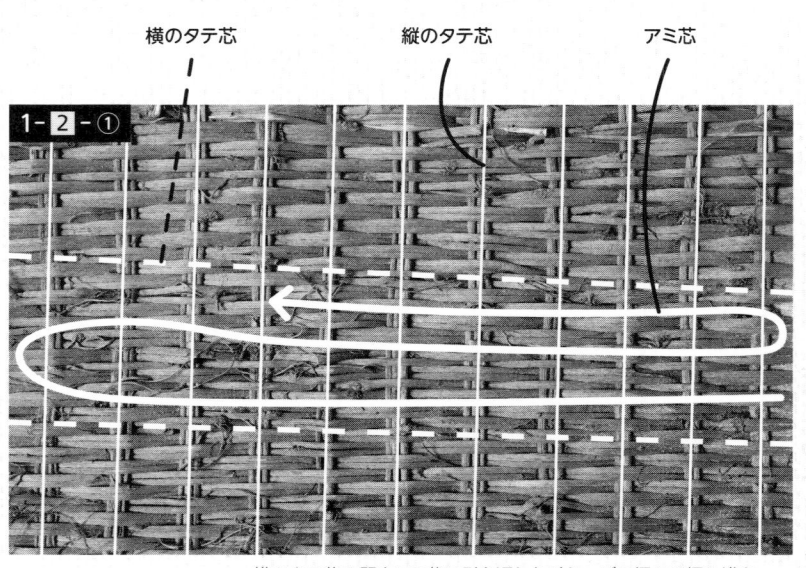

横のタテ芯　　縦のタテ芯　　アミ芯

横のタテ芯の間をアミ芯で引き返しながら、ザル編みで編み進む。

② 横のタテ芯を編み入れる

上下26cmの間に、横のタテ芯12組を等間隔に編み込む。
左右の両端の横のタテ芯は、25cm分長くとっておく。
横のタテ芯を1組編み入れたら、アミ芯を左右のタテ芯にかけて引き返しながらザル編みで適度に編む。アミ芯は太さ、強さによって、2本または3本1組にして編み入れる。

③ 3本縄編み

周囲に、細めの材で3本縄編み P.100 を1周かけて、編み目を落ちつかせる。

つるの太い細いに合わせて、束ねる本数を調節して編む。

2 立ち上げ

① 角をつけて立ち上げる

タテ芯にエンマペンチを噛ませてくせづけし、角をつけて立ち上げる。

3 側面

①

高さがないため、側面の工程はなく、そのまま縁の処理に入る。

4 縁

① 三つ編みに編んでとめる

①を②に内側からかけて外側に出し、②を③に内側からかけて外側に出し、③を①と一緒に④に内側へかけ、①は内側に置いたまま、③のみ外側に出す。④を②と一緒に⑤の内側にかけ、②は内側に置いたまま、⑤のみ外側に出す。これを繰り返しながら1周する。

できるだけ高さが出るように、タテ芯が重ならないように捻る。

5 持ち手

① アミ芯を数本束ねる

太め、細めのつるを混ぜて、束ねる。
半円の形にして、縁の下の編み目に通す。

② 持ち手を編む

ねじりながら束ねたつるを編み、反対側の縁の下の編み目に通す。

③ 編み目に入れ込む

縁の下の編み目に入れ込んでとめる。
もう1つの持ち手も同じように取りつける P.106 ③。

縁の下にからめて、ねじって反対側の縁の下にからめて編み目に沿って入れ込む。

紅籐の
スクエアバスケット

タテ芯を上下に分けて立ち上げ、下向きのタテ芯を底下で内捻りすることで底台をつくります。
縁を内高外どめで外側に処理することで、内側がシンプルになり、ものを入れやすくなります。

作品→ 25 ページ

仕上がりまでの技法

1，底	タタミ編み組み、2本縄編み
2，立ち上げ	上下に立ち上げる、内捻り
3，側面	棚編み（2本縄編み）
4，縁	内高外どめ
5，持ち手	持ち手を編んで編み目に入れ込む

材 料	紅籐（市販）　太さ：3mm〜5mm ……………　200g
	ラタンボード …………………………………… 1枚
下準備	縦のタテ芯・横のタテ芯　……… 50cm×28本（14組）
	アミ芯　太さ：5mm（持ち手用）…………80cm×2本
	アミ芯 …………………………………… 残りを使う
仕上がり寸法	………………　底：15cm×15cm、縁：22cm×22cm、
	高さ：10cm（持ち手まで含めると15cm）
所要時間	下準備 …………………………………… 30分
	編む …………………………………… 2時間

つくり方
の手順

底

1　タタミ編み組み

ラタンボードを使って13cm×13cmに縦のタテ芯7組を等間隔に並べ、押さえ板で固定する。横のタテ芯を1組編み入れたら、アミ芯で引き返しながらザル編みをする。これをくり返して横のタテ芯を7組等間隔に編み入れる。 P.99 。

2　2本縄編み

タタミ編み組みの周りに2本縄編み P.100 を1周かける。

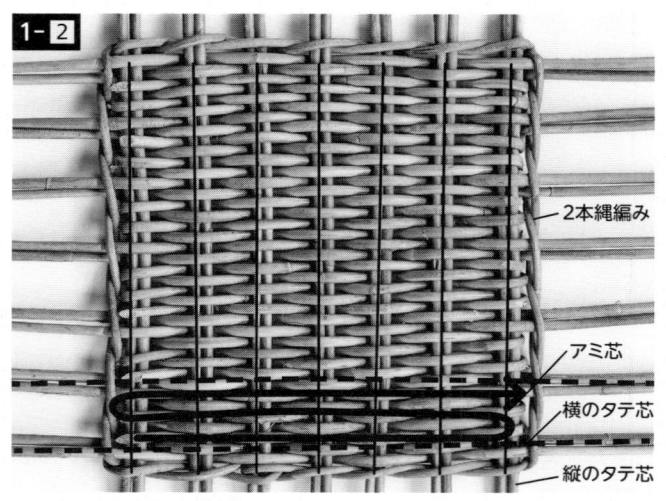

1-2

2本縄編み
アミ芯
横のタテ芯
縦のタテ芯

タタミ編み組みの後、2本縄編みを1周かける。

2 立ち上げ

1 上下に立ち上げる
エンマペンチでくせづけする。
タテ芯2本のうち1本は上向きに立ち上げ、もう1本は下向きに曲げる。

2 内捻り
下向きに曲げたタテ芯を、底下で2回内捻りをする（タテ芯を捻りながら、右隣のタテ芯に上からかけてゆく。これを2周かける）。
内捻りした部分は底台となる。

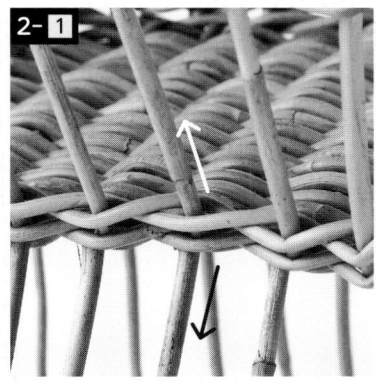

タテ芯を1本ずつに分けて上と下に曲げる。

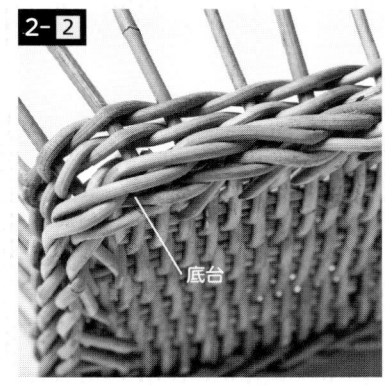

底に内捻りをかけて底台にする。
底台

3 側　面

1 2本縄編み
側面に立ち上げたタテ芯を、少し外側に広げる（あれば型などを使ってもよい）。
底の際に2本縄編みを2周かける。

2 棚編み
底の際にかけた2本縄編みから5.5cmの高さに、2本縄編みを2周かける。
1 ～ 2 のように間をあけて編む編み方を棚編みという P.101 。

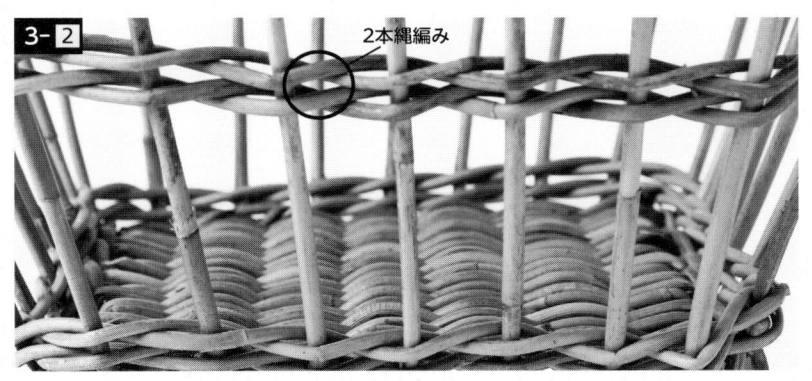

2本縄編み

立ち上げから5.5cmの所に2本縄編みを2周かけて棚編みにする。

4 縁

1 内高外どめ
タテ芯を1本右隣のタテ芯に内側からかけて外側に出す。
すべてのタテ芯が外側に出たら、タテ芯を2本右隣のタテ芯にかけ、すべて内側に入れる。
すべてのタテ芯が内側に入ったら、タテ芯を3本右隣のタテ芯にかけ、すべて外側に出す。
外側でタテ芯をカットする P.103 。

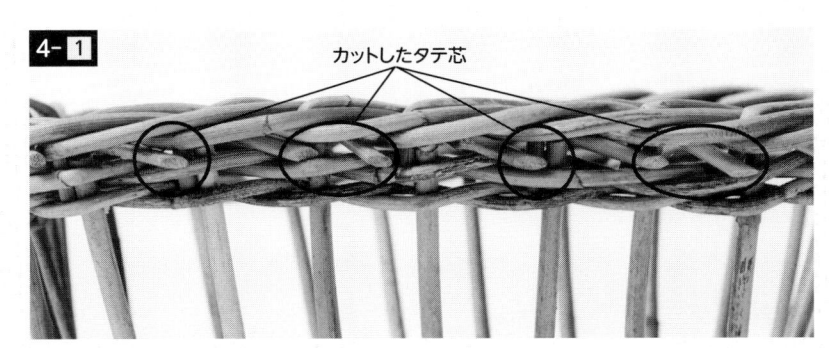

カットしたタテ芯

とめた部分、タテ芯のカット面は外側にくる。

5 持ち手

1 持ち手を編む
残った持ち手用アミ芯の端を片側の縁の下の編み目に差し込み、アミ芯の真ん中まで通す。
縁に近い所から、アミ芯をねじり、ねじりながら高さをつけて、半円状の持ち手をつくる。

2 編み目に入れ込む
反対側の縁下にアミ芯の先を通し、からめて編み目に入れ込む。
対面した側面の縁下に、もう1つ持ち手をつける P.106 ③ 。

アミ芯をねじってつくった持ち手。

胡桃と桜の花挿し
くるみ

バラバラの板を組み合わせて輪ゴム（またはテープ）でとめたオリジナルの木型を使います。輪ゴムの位置まで編み進んだところで、輪ゴムをはずすと、最後まで編み終えた時に、するりと木型を抜くことができます。

作品→ 37 ページ

仕上がりまでの技法

1, 底	四つ目組み風
2, 立ち上げ	角をつけて立ち上げる
3, 側 面	2本縄編み 四つ目編み風 3本縄編み
4, 縁	合わせ縁 網代巻どめ
5, 持ち手	芯を通して巻きとめる

材 料

胡桃・樹皮………	10cm ×130cm　3枚、10cm ×80cm	3枚
桜・樹皮………………………………	35cm ×35cm	1枚
板（木型用）厚さ：約1cm ………………	30cm ×30cm	1枚
クリアファイル …………………………		1枚
輪ゴム ……………………………………		2本
画鋲 ………………………………………		適量
ワイヤ ……………………………………		適量

下準備

縦のタテ材 / 胡桃 幅：1.5cm ………………	55cm ×7本
横のタテ材 / 胡桃 幅：2.5cm ………………	65cm ×1本
ヨコ材 / 桜 幅：1cm〜1.5cm ……………	30cm ×6本
幅：2.5cm ………………	30cm ×3本
アミ材（2本縄編み用）/ 胡桃 幅：3〜4mm ………120cm ×2本
（3本縄編み用）/ 胡桃 幅：3〜4mm ………130cm ×6本
縁 材（合わせ縁用）/ 胡桃 幅：1cm ………	50cm ×2本
（網代巻き用）/ 胡桃 幅：7mm ………120cm ×5本
その他（持ち手用など）/ 胡桃 幅：5mm ……120cm ×5本

◆木型をつくる

①板とクリアファイルを各2枚ずつにカットする。

上板……………………………………	10cm ×25cm
横板……………………………………	2cm ×27cm
クリアファイル ………………………	2cm ×26cm

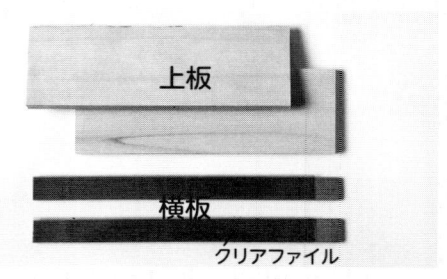

②間にクリアファイルの切れ端を挟んで板を組み立て、輪ゴムでとめる。

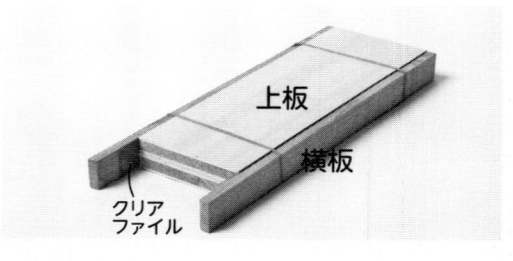

仕上がり寸法 ………………… 底：3cm ×13cm、
縁：6cm ×13cm、高さ：22cm

所要時間 下準備 …………………… 1時間
編 む ……………… 2時間30分

1 底

1 四つ目組み風

縦のタテ材と横のタテ材を四つ目組み風に組む。画鋲でとめながら上下交互に組む P.99。

2 立ち上げ

1 角をつけて立ち上げる

木型に添わせて角をつけて側面に立ち上げる。

3 側面

1 2本縄編み

2本縄編み用のアミ材を輪にしてタテ芯に通し、底の際に2本縄編みを2周かける P.100。

2 四つ目編み風

ヨコ材で四つ目編み風に9段編む。幅の違うヨコ材を織り交ぜて好みの模様に調節する。

3 3本縄編み

3本縄編み用のアミ材で、3本縄編みを3周かける P.100。木型をはずす。

4 縁

1 合わせ縁

合わせ縁用の材を当て、合わせ縁で縁をとめる P.104。

2 網代巻どめ

網代巻どめ用の材で、4本飛び3本戻りの網代巻どめをする P.104。

5 持ち手

1 芯を通す

持ち手用の材を縁下で編み目に通してタテ芯にかけ、持ち手用材の中央部で輪にして折り返し、4.5cm下で再度編み目に差し込み、芯にする。

2 巻きとめる

別の持ち手用の材を用意して 1 から巻き上げ、4.5cm下の編み目に通してとめる。

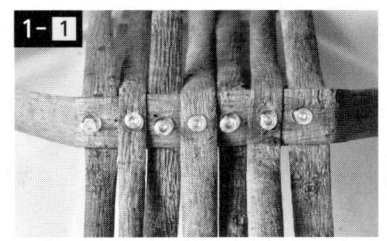

1-1 木型を当てて縦のタテ材と横のタテ材を四つ目組み風に組む。

2-1 木型に添わせて立ち上げる。

3-1 2本縄編み
立ち上げ後、すぐに2本縄編みをかける。

3-2 底と同じ編み方で、一段ごとにつないで編む。

3-3 9段編んだら、3本縄編みを3周かける。

5-1-① 縁は4本飛び3本戻りの網代巻どめ。

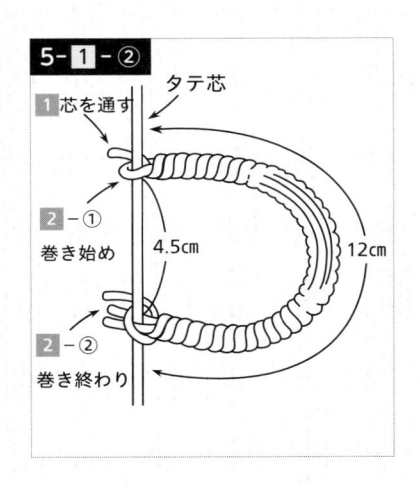

5-1-②

1 芯を通す
タテ芯

2-① 巻き始め
4.5cm
12cm

2-② 巻き終わり

ヤマブドウと桜の花かご

ヤマブドウの樹皮をタテ材に、桜の樹皮をヨコ材に使って、編んでゆきます。異なる素材は乾燥後の収縮度合いが異なりますので、編み段を整えながら編み進むことが、きれいに仕上げるコツです。

作品→ 37 ページ

仕上がりまでの技法

1, 底	網代組み、3本縄編み
2, 立ち上げ	角をつけて立ち上げる
3, 側 面	ザル編み、3本縄編み
4, 縁	タテ芯を本体に差し込む、飾り用の縄をつける

材 料

ヤマブドウ・樹皮	……………………	800 g
桜・樹皮　25cm ×90cm	……………………	1枚
板（木型用）厚さ：約1cm …	45×60cm	1枚
釘	……………………	適量
金槌	……………………	1本
画鋲	……………………	適量

下準備

縦のタテ材 /ヤマブドウ	幅：5mm〜 6mm	…………	60cm ×33本
横のタテ材 /ヤマブドウ	幅：5mm〜 6mm	…………	70cm ×25本
ヨコ材 / 桜	幅：1cm〜 1.8cm	…………	90cm ×3本
	幅：7mm〜 8mm	…………	90cm ×6本
アミ材 (3本縄編み用)/ヤマブドウ	幅：3mm	…………	120cm ×6本
（飾り用）/ヤマブドウ	幅：3mm	…………	180cm ×4本

◆木型をつくる

板から上板１枚、底板１枚、横板２枚、合計４枚カットして、釘で打って組み立てる。

上板＆底板	…………………	15cm ×23cm
	縦、横に中央線を引く	
横板	…………………	17cm ×23cm

仕上がり寸法 …………………… 底：17cm ×24cm、高さ：14cm（持ち手まで含めると15cm）

所要時間

下準備 …………………… 3時間
編 む …………………… 3時間30分

つくり方の手順

1 底

1 網代組み

網代組みで **P.99** 15cm ×23cmの底をつくる。縦のタテ材と横のタテ材を2本飛ばしに編む。

2 3本縄編み

3本縄編み用のアミ材で、3本縄編みを1周かける **P.100**。

網代組みが終わったら周りに3本縄編みをかけ、木型に添わせて立ち上げる。

2 立ち上げ

1 角をつけて立ち上げる

タテ芯を側面に立ち上げる木型に添わせてくせづけして立ち上げる。

しっかりと角ができるよう立ち上げ、側面はザル編みをする。

3 側面

1 ザル編み

太いほうのヨコ材でザル編み P.100 をする。タテ材2本の上を通して、タテ材2本の下を通す、これを繰り返す。1周して編み始めと編み終わりを合わせ、底から10cmになるまで6周編む。次に細い方のヨコ材で3段編む。底から13.5cmになるまで編む。

2 3本縄編み

1 の上に3本縄編み用のアミ材3本で、3本縄編みをしっかりかけて、縁周りを整える。木型をはずす。

幅の違う材でザル編みをする。

4 縁

1 タテ材を本体に差し込む

タテ材を縁の高さにきっちり揃えて、曲げて裏の編み目に差し込む。4〜5本おきに1本、タテ材を曲げずにそのまま残しておく。

2 持ち手を通す輪をつくる

1 でそのまま残しておいたタテ材で1cmの輪をつくり、本体の裏面の編み目にしっかり差し込む。

3 飾り用の縄をなう

編み材を2本取り、縄をなう。それぞれの最後に1本ずつ沿わせるようにしてつなぎ、さらにない、約3mの縄にする。

4 縄をつける

できあがったら、本体の4-2 でつくった輪に縄を通し、好みの方法で結ぶ。

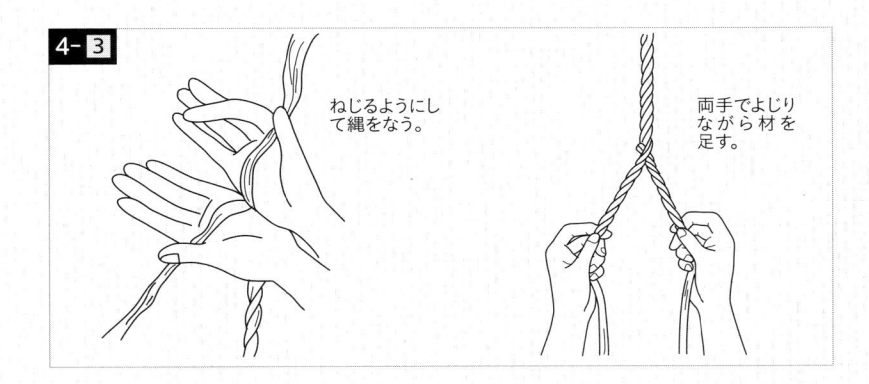

ねじるようにして縄をなう。

両手でよじりながら材を足す。

タテ材

3本縄編み

タテ芯を利用してリングをつくり、縄を通す。

ヤマブドウと桜の ボックスバスケット

幅の広い桜樹皮を編み入れた後は、タテ芯の向きをきちんと整えることが大事です。桜樹皮の前後には3本縄編みをかけますが、デザインとしての役目だけでなく、タテ芯の方向を整える役目があります。

仕上がりまでの技法

1, 底	網代組み、3本縄編み
2, 立ち上げ	角をつけて立ち上げる
3, 側 面	ザル編み、3本縄編み、棚編み
4, 縁	タテ芯を本体に差し込む、飾り用の縄をつける
5, 持ち手	縄を取りつける

材 料

ヤマブドウ・樹皮 ………………………… 800g
桜・樹皮　15cm ×80cm〜 90cm …………… 1枚
しゅろ縄　太さ：約5mm …………………… 3m ×1本
鉄片　5cm ×5cm …………………………… 2つ
板（底型用）厚さ：約1cm……………………適量
画鋲……………………………………………適量

作品→ 37 ページ

作品→ 37 ページ

下準備

縦のタテ材 /ヤマブドウ　幅：7mm〜 8mm …… 70cm ×24本
横のタテ材 /ヤマブドウ　幅：7mm〜 8mm …… 75cm ×19本
ヨコ材 / 桜　幅：4cm ……………………………… 80cm ×1本
　　　　幅：2.5cm ………………………………… 80cm ×1本
アミ材 (3本縄編み用)/ヤマブドウ　幅：3 〜 5mm
　………………………………………………… 120cm ×30本

◆底板をつくる
板を 19cm×23cm にカットする。

仕上がり寸法 ………………………… 底：17cm ×20.5cm、縁：14cm ×16cm、高さ：18cm

所要時間　下準備 ………………………………… 3日間
　　　　　　編む ………………………………… 3時間

つくり方の手順

 底

1　網代組み
底板に画鋲でとめながら、網代組み P.99 で、15cm ×19.5cmの底をつくる。

2　3本縄編み
3本縄編み用のアミ材で、1周3本縄編みをかける P.100 。

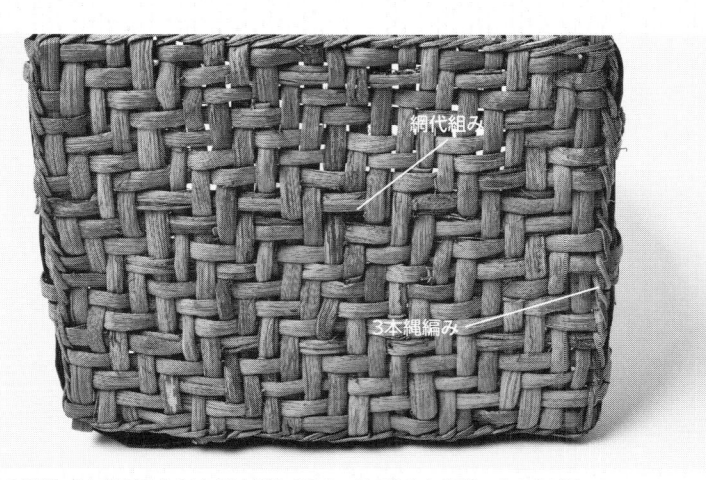

2-1

網代組み

3本縄編み

網代組みの周りに3本縄編みをかけ、手かげんで角をつけて心もち内側へ立ち上げる。

2 立ち上げ

1 角をつけて立ち上げる

底編み面を止めた底板を下に、タテ芯を手で
くせづけし、角をつけて斜めに立ち上げる。

3 側 面

1 ザル編み

細いほうのヨコ材でザル編み P.100 をする。
タテ材4本の上を通し、タテ材2本の下を通す。
これを繰り返して1周編む。始めと終わりを合
わせる。

2 3本縄編み

1 のザル編みの上（底から3.5cmの位置）に3
本縄編み用アミ材で、3本縄編みを2周かける。
1本1本のタテ材を落ち着かせて、ていねいに
しっかりかける。

3 棚編み（3本縄編み）

そのまま2.5cm上に移動した所に、2回目の3
本縄編みを1周かける。

4

さらに2.5cm上に移動した所に、3回目の3本
縄編みを1周かける。 2 〜 4 のように間を開け
て縄編みすることを棚編み P.101 という。

5 ザル編み

太い方のヨコ材でザル編みを1周かける。

6 3本縄編み

タテ材を整え、3本縄編み用アミ材で、3本縄
編みを2周かける。

4 縁

1 タテ材を折り曲げてとめつける

底から18cmの所に、鉛筆などで薄く印を入れ
て高さを決める。
長さがまちまちのタテ材を、縁で本体の外側
に曲げて出し、3本縄編み用アミ材で3本縄編
みをかけて、本体にとめつける。

5 持ち手

1 縄を取りつける

材料のしゅろ縄を用意し、本体の編み目に通
し、飾り結び（右図参照）でとめつける。

角はしっかり四角くなるよう立ち上げる。

タテ材を本体の外側に曲げて出し、3本縄編みでとめる。

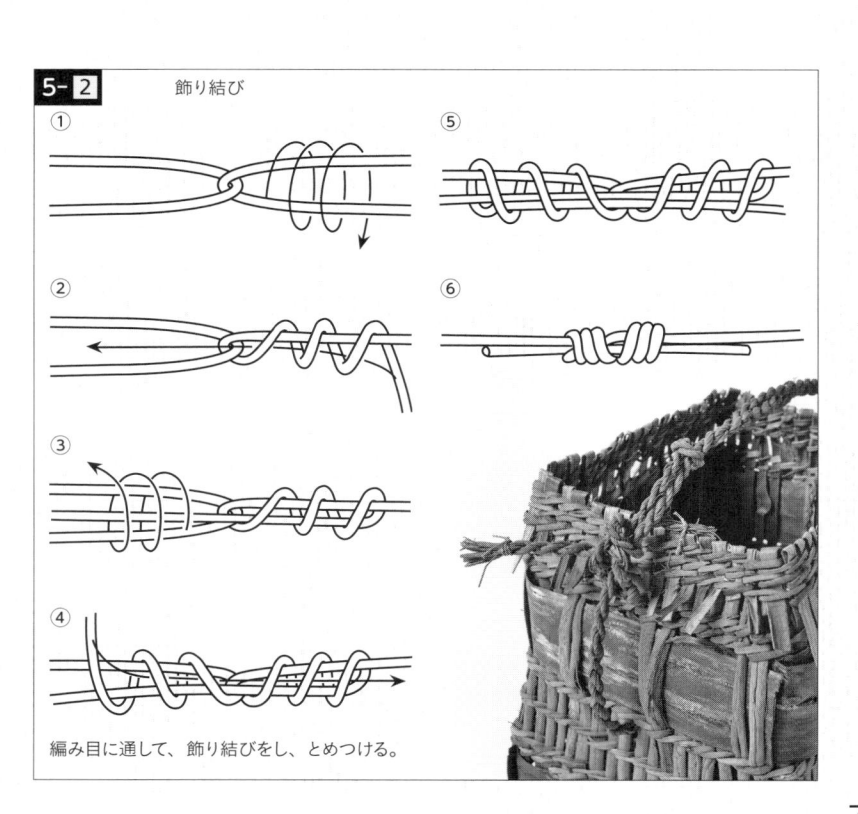

編み目に通して、飾り結びをし、とめつける。

胡桃のバッグ
_{くるみ}

胡桃樹皮は扱いやすく、下準備や制作時間がそれほどかかりません。
また、表（外側）と裏（内側）の色が異なるのが特徴です。素材の特徴を生かした素朴なバッグです。

作品→41ページ

仕上がりまでの技法

1, 底	網代組み
2, 立ち上げ	角をつけて立ち上げる
3, 側 面	網代編み、2本縄編み
4, 縁	合わせ縁、網代巻どめ
5, 持ち手	芯を取りつけ、巻き上げる

材 料

胡桃・樹皮··· 1kg
板（木型用）厚さ：約1cm
································· 45cm×60cm　1枚
釘···適量
金槌···1本
画鋲···適量
ワイヤ···適量
フローラルテープ·································適量

下準備

縦のタテ材　幅：約1.2cm ·············· 70cm×22本
横のタテ材　幅：約1.2cm ·············· 85cm×8本
ヨコ材　幅：約1.2cm ···················· 90cm×14本
アミ材（2本縄編み用）幅：3mm········ 160cm×4本
縁材（合わせ縁用）幅：1.5cm ·········· 120cm×2本
　（網代巻どめ用）幅：1cm ············ 120cm×5～6本
持ち手材（芯用）幅：8mm ·············· 30cm×4本
　（模様用）幅：7mm ···················· 30cm×2本
　（巻き用）幅：1cm ····················· 120cm×2本

◆木型をつくる

上板1枚、底板1枚、横板2枚、合計4枚カットして、釘で打って組み立てる。

上板＆底板 ··························· 9cm×28cm
　　　　　　　　　　縦、横に中央線を引く
横板·································· 24cm×28cm

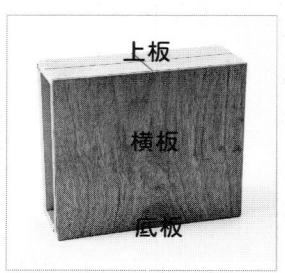

上板
横板
底板

仕上がり寸法 ············· 底：11cm×29cm、縁：12cm×30cm、
高さ：21cm（持ち手まで含めると35cm）

所要時間　下準備 ································· 3日間
編　む ································· 2時間

つくり方の手順

底

1　網代組み

木型に合わせて9cm×28cmの底を、タテ材2本飛ばしの網代組みで組む **P.99**。胡桃は表と裏で色が異なるが、色が濃いほうが裏面で、薄いほうが表面。底はすべて表面を上にして（バッグの内側）組む。組んだ時に下に来る面（バッグの外側）が裏面になる。

1-1

22本×8本で胡桃樹皮の裏面（色が濃いほう）が外側にくるように組む。

立ち上げ

1 角をつけて立ち上げる

すべてのタテ材を、木型に添わせて手でくせづけし、はっきり角がわかるようしっかり立ち上げる。

側　面

1 網代編み

胡桃樹皮の特徴を生かして、裏面が外側に来ているタテ材に対して、ヨコ材はすべて表面が外側に来るように編む。

2 2本縄編み

側面の高さが17cmになるまで編んだら、2本縄編み用アミ材を通し、2本縄編みを2周かける **P.100**。木型をはずしておく。

3-1

表面　　　裏面

底からの立ち上がり。角をはっきりさせる。側面のヨコ材は表面が外側にくるように編む。

3-2

網代編みで側面を編み、最後に2本縄編みをかける。

縁

1 合わせ縁

合わせ縁用の材で合わせ縁にし、ワイヤでとめる **P.104**。（合わせ縁は中に入って見えなくなってしまうので、胡桃の表面、裏面、どちらを使ってもよい）。

2 網代巻どめ

網代巻どめ用の材で、裏面が外側に来るようにして、5本飛び4本戻りの網代巻どめをする。

4-2

網代巻どめ

5本飛び4本戻りの網代巻どめで縁を処理する。上から見たところ。

持ち手

1 芯を取りつける

芯用の材を束ねて持ち手をつくり、本体の縁の下に差し込んで、ワイヤで仮どめする。全体を見て持ち手を整え、弱い所には材を添わせて足し、フローラルテープで再度仮どめする。

2 巻きとめる

巻き用の材を縁下の編み目に入れ、持ち手を巻く。途中、模様用材を1本持ち手に添え、筋模様になるよう、ある程度隙間をあけながら巻き上げてゆく。反対側まで巻いて、縁下の編み目に入れ込んでとめる。

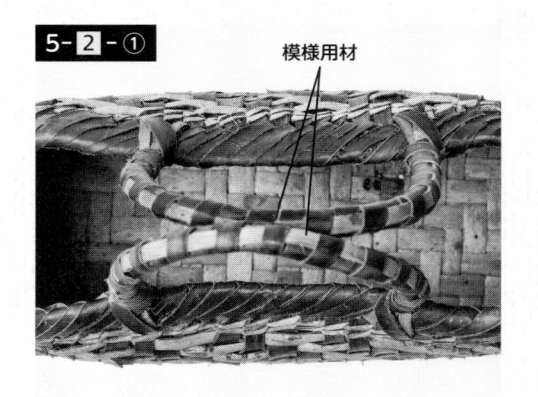

5-2-①

模様用材

模様用材を表面が外側に来るようにして、
1本添わせて巻き上げる。

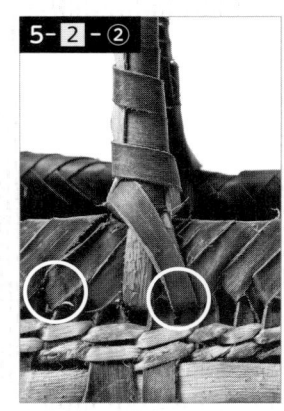

5-2-②

縁下の編み目に入れ込む。

背取り籐の
石畳編みのバッグ

背取り籐は1段ごとに編むので、途中でつながないほうが模様が美しくなります。つなぐ時は内側で互いに端を通しておき、外側の模様に響かないようしましょう。持ち手の丸4本組みは、毛糸などで練習しておくと、アミ材でかんたんにできます。

作品→45ページ

仕上がりまでの技法

1, 底	格子組み、2本縄編み
2, 立ち上げ	角をつけて立ち上げる
3, 側面	石畳編み
4, 縁	じゃばらどめ
5, 持ち手&飾り	丸4本組みで編み取りつける、石畳編み
6, 底	ザル編み

材料

背取り籐 幅：5mm …………………………… 300g
つや籐・半割 幅：6mm（縁芯用）…… 100cm ×1本
籐・丸芯 太さ：2mm（2本縄編み用）160cm ×1本
ビニールチューブ（持ち手芯用）太さ：4mm
　　　　　　　　　　　　　　　　 100cm×1本
ベニヤ板 厚さ：約1cm …………………… 適量
釘 ………………………………………………… 適量
金槌 ……………………………………………… 1本
ひも、セロハンテープなど …………………… 適量

下準備

縦のタテ材／背取り籐 …………………… 190cm ×18本
横のタテ材／背取り籐 …………………… 210cm ×7本
ヨコ材／背取り籐 …………………………… 残りを使う
その他（持ち手用）／背取り籐 ………… 110cm ×8本
　　　　（飾り用）／背取り籐 …………… 20cm ×16本

◆木型をつくる
ベニヤ板から上板1枚、底板1枚、横板2枚、合計4枚カットして、釘で打って組み立てる。

上板&底板 …………………………… 8cm ×25cm
　　　　　　　縦、横に中央線を引く
横板 …………………………………… 23cm ×25cm

上板
横板
底板

仕上がり寸法

底：10cm ×26cm、縁：11cm ×28cm、高さ：20cm（持ち手まで含めると33cm）

所要時間

下準備 …………………………………………… 1時間
編む ………………………………………………… 1日

1 底

つくり方の手順

1 格子組み、2本縄編み
木型を使って、縦のタテ材と横のタテ材で10cm ×26cmの木型の上で、格子組みをする **P.99**。2本縄編み用の籐・丸芯で周りに2本縄編み **P.100** を1周かける。

2 立ち上げ

1 角をつけて立ち上げる
木型に添わせて角をつけて立ち上げる。

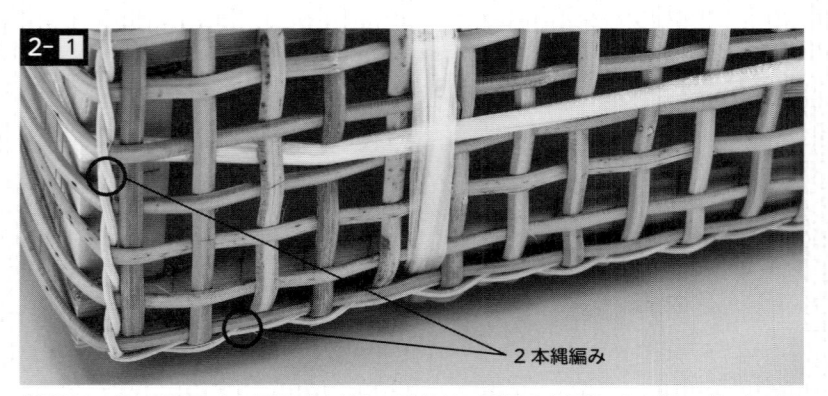

2-1

2本縄編み

格子組みに組んで周囲に2本縄編みをかける。2本縄編み用籐1本を任意のタテ芯に、輪にして編み入れ、2本縄編みをし、最後は編み始めの輪にかけて外に出す。余分な2本縄編み用籐を際でカットする。角をつけて立ち上げる。木型に添わせるため、ひもやセロハンテープなどでとめる。

3 側面

1 石畳編み（1〜3段目）
（1段目）ヨコ材を1本差し入れ、タテ材とともに、石畳編み P.101 を右方向へ1周かける。最後は内側で端を編み目の内部に通しておく。（2段目・3段目）新しいヨコ材を1本差し入れ、1段目と同様に、右方向へ1周かける。

2 石畳編み（4段目）
（4段目）右隣のタテ材を左隣のタテ材にかけて、2本1組でタテ材だけで編む。

3 石畳編み（5〜13段目）
（5・7・9段目）ヨコ材も使って編む。（6・8・10段目）タテ材のみで編む。（11〜13段目）ヨコ材も使って編む。木型をはずしておく。

4 縁

1 じゃばらどめ
縁芯をバッグ上部に合わせ、タテ材で巻き込み、左隣のタテ材に内側から外側へかけて出す。外側に出たタテ材で縁芯を巻くようにして、内側で2つ右隣のタテ材の根元に通す。タテ材の端は、内側で編み目に入れ込む。

5 持ち手 &飾り

1 丸4本組み
持ち手用アミ材を丸4本組みにして、持ち手芯をくるむ P.107 。35cm〜40cmほど組み、両端は15cmほど組まずにそのまま残しておく。2本同じものをつくる。

2 本体に取りつける
1 で残した15cmの部分を本体の縁下に通し、編み目に入れ込む。反対側もつける。

3 石畳編み
石畳編み4つで、持ち手のつけ根につける飾りを4つつくる。飾りの端のアミ材を本体の編み目に通し、バッグの内側に入れ込む。4ヵ所同じようにして取りつける。

6 底

1 ザル編み
最後に、底の格子組みのあいている所にヨコ材を差し込み、ザル編み P.100 で隙間を埋めてゆく。1本で1列編むごとにカットする。1マスに3本ヨコ材を入れる。

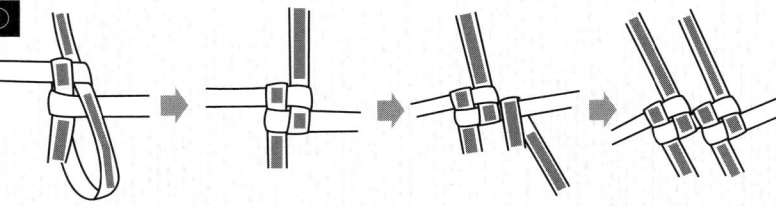

3-1-①

タテ材は右方向へ、ヨコ材は上方向へ少しずらしながら、1回転させてからめるイメージで編む。※グレーの材がタテ材。

1つ編み終えたら、隣のタテ材を手前から奥にからめて、同じ要領で編む。これを繰り返す。

3-1-②

1段目から3段目は同じ編み方で編み進む。

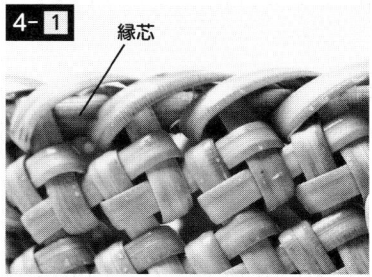

4-1 縁芯

じゃばらどめで縁をとめる。

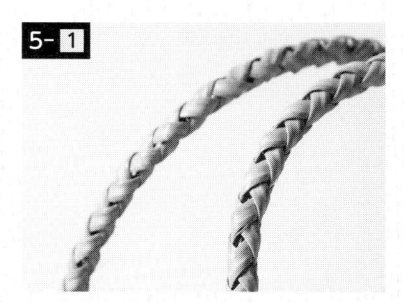

5-1

丸4本組みで持ち手をつくる。

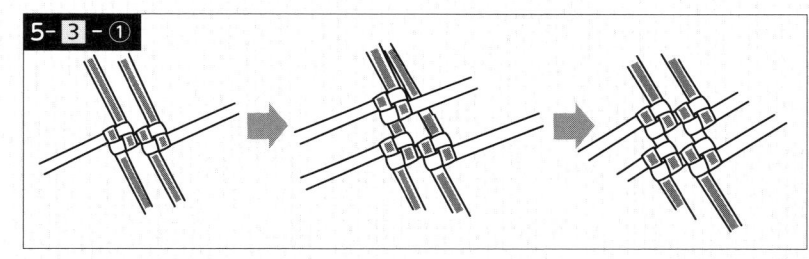

5-3-①

※グレーの材がタテ材

5-3-②

持ち手のつけ根の4ヵ所に飾りを取りつける。

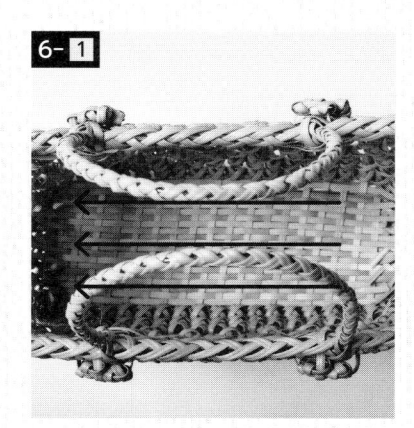

6-1

最後に底に戻って、ザル編みで底の隙間を埋める。

ヤマブドウの乱れ編みのバッグ

つるの流れを同一方向にしないことがポイント。また、重なると厚みが出てくるので、交点の厚さに配慮することも大事です。空間をデザインする感覚で組み合わせましょう。

作品→ 44 ページ、64 ページ

仕上がりまでの技法

1. 底	乱れ編み
2. 立ち上げ	角をつけて立ち上げる
3. 側面	乱れ編み 2本縄矢羽根編み
4. 縁	合わせ縁 網代巻どめ
5. 持ち手	丸6本組みで編み リングで取りつける

材 料

ヤマブドウ・樹皮	………	800 g
ビニールチューブ 幅：6mm	…	100cm ×1本
板（木型用）厚さ：約1cm		
	…………	45cm ×45cm 1枚
釘	…………	適量
金槌	…………	1つ
画鋲	…………	適量
重し	…………	1つ
ワイヤ	…………	適量

つくり方の手順

1 底

1 乱れ編み

木型に画鋲を使い、乱れ編み **P.101** で、9cm ×33cmの底を四角に編む。編み方に決まりはなく自由に編んでよいが、幅の太い材は骨組みになるので、全体に均等に配置し、縁までかかるように注意する。
編み終えたら、底を下にして、重しをのせてそのまま1日ほど置いて編み目を落ちつかせる。

下準備

縦のタテ材 幅：5mm〜 8mm	……………………	50cm〜 60cm ×40本
横のタテ材 幅：5mm〜 8mm	……………	80cm〜 110cm ×12本
ヨコ材 幅：約20mm	…………………	80cm〜 110cm ×12本
アミ材（2本縄矢羽根編み用）幅：3mm	…………	150cm ×4本
縁材（合わせ縁用）幅：10mm	……………	120cm ×2本
（網代巻どめ用）幅：約5mm	………	180cm ×5 〜 7本
持ち手材（持ち手用）幅：7mm	……………	150cm ×6本
（リング用）幅：5mm	…………………	80cm ×6本
（巻き用）幅：5mm	…………………	80cm ×2本

◆木型をつくる
上板1枚、底板1枚、横板2枚、合計4枚カットして、釘を打って組み立てる。

上板＆底板	………………	9cm ×33cm
		縦、横に中央線を引く
横板	………………	16cm ×33cm

上板 / 横板 / 底板

仕上がり寸法
……… 底：11cm ×34cm、縁：12cm ×37cm、高さ：16cm（持ち手まで含めると25cm）

所要時間
下準備	……………………………………	3日間
編む	……………………………………	3時間

1-1

底のサイズに合わせて四角く乱れ編みをする。

2 立ち上げ

1 角をつけて立ち上げる
底に木型を置いて、釘でとめ、木型に添わせるように角をつけて立ち上げる。

3 側 面

1 乱れ編み
画鋲でとめながら、高さ13cmまで編み進む。

2 2本縄矢羽根編み
2本縄矢羽根編み用の材2本をタテ材に差し込み、2本縄編みを1周かける。もう1周、さきほどとは逆向きに2本縄編みをかけ、2本縄矢羽根編みにする P.100 。木型をはずす。

木型に添わせてくせづけし、角をつけて立ち上げる。
立ち上げた後は、側面も底と同じ要領で、乱れ編みをする。

側面を13cmまで編んだら、2本縄矢羽根編み。編み目の方向が一定でない乱れ編みのタテ材を整える目的なので、タテ材の様子に合わせて臨機応変にかける。

4 縁

1 合わせ縁
タテ材のすべてを縁芯にかけて折り曲げ、編み目に差し込む。ワイヤなどで仮どめする P.104 。

2 網代巻どめ
網代巻どめ用の材を用意し、4本飛び3本戻りの網代巻どめ P.104 をする。

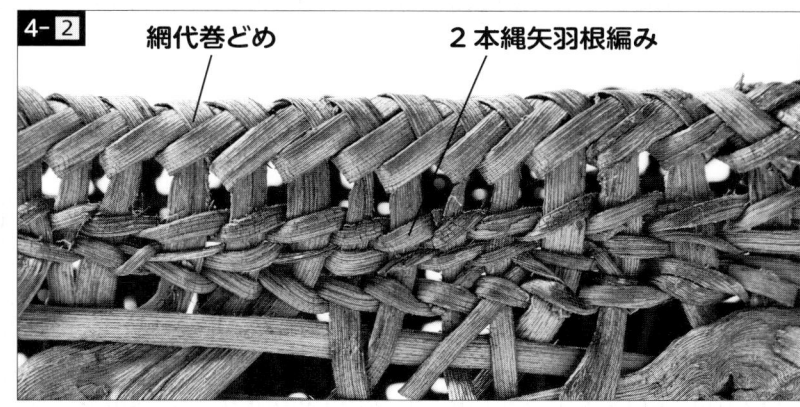

4- 2 　網代巻どめ　　　2本縄矢羽根編み

縁は、4本飛び3本戻りの網代巻どめ。

5 持ち手

1 本体のリングをつくる
本体の縁下の乱れ編みの隙間に、リング用の材3本を真ん中まで通して折り返して6本にし、丸6本組み P.107 をする。直径5cmほどの小さな輪をつくり、端は縁下の編み目にしっかりとめる。反対側にも同じようにしてつける。

2 丸6本組み
持ち手用の材を6本用意して、まっすぐのまま丸6本組みに組み、両端は15cmほど残しておく。

3 本体に取りつける
2 で残した15cmの部分を 1 のリングに通し、端は折り返して持ち手の編み目に入れ込む。持ち手と折り返した部分を巻き材で3cmほど巻き上げてとめつける。最後は巻いた部分に入れ込んでとめる。

5- 2

丸6本組みの持ち手。

5- 3

本体にリングを取りつける。持ち手の端をリングに通して折り返し、持ち手と一緒に巻き上げてとめる。

ヤマブドウの花編みのバッグ

バッグの強度を考え、足し材をつなぐ回数はできるだけ少なめにしましょう。また、つなぎの先はしっかり編み目に差し入れて編み進めることが、ポイントです。編み方は思ったより単純ですが、長い材を使うので、からまないように一時的にひもでまとめるなど、工夫しながら進めましょう。

作品→ 45 ページ

仕上がりまでの技法

1, 底	花編み
2, 立ち上げ	カーブをつけて立ち上げる
3, 側 面	花編み
4, 縁	合わせ縁、網代巻どめ
5, 持ち手	丸8本組みで編み取りつける

材　料
ヤマブドウ・樹皮 …………………………………………… 2kg
ワイヤ ………………………………………………………適量

下準備
アミ材 A　幅：7mm ………………………… 180cm〜 200cm ×20本
　　　　　B（主に足し材）　幅：7mm ……… 70cm〜 120cm ×20 〜 30本
縁材（合わせ縁用）　幅：10mm ………………………… 100cm ×2本
　　（網代巻どめ用）　幅：8mm ……………………… 180cm ×5本
持ち手材　幅：5mm ……………………………………… 120cm ×16本

仕上がり寸法 ………………… 底：14cm ×30cm、縁：15cm ×26cm、高さ：20cm（持ち手まで含めると35cm）

所要時間　下準備 ……………………………………… 10日間
　　　　　　編む …………………………………………… 10日間

つくり方の手順

1 底

1 花編み

アミ材 A に臨機応変にアミ材 B を織り交ぜながら、3本1組で1つの花を編む P.101。
①底の中心の段から始める。右端から始めて左へ11個花を編む。
②中心の1段が終わったら、上の段に進む。右端から始めて10個花を編む。
③2段目が終わったら、さらに上の段に進む。右端から始めて9個花を編む。
短くなった時や幅が狭くなった時は、順次アミ材 B で足し材をして編み進む。

1 - 1 - ①

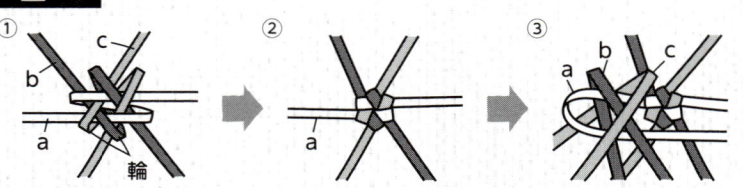

① アミ材3本で花編みをする。3本ともあらかじめ輪をつくってからゆるめにからめてゆく。

② すべてからめたら、編み目を締める。次にaを手前に折り返して輪をつくっておく。

③ そこに新たにあらかじめ輪にしたb、cをからめて①②同様に2つ目の花を編む。

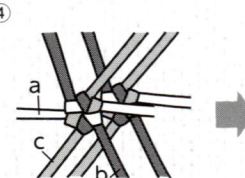

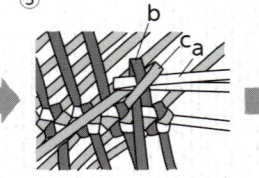

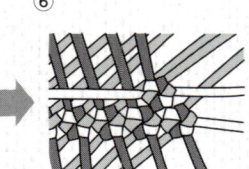

④ 常に1本を折り返して2本ずつ新しいアミ材を足しながら3本1組で花を編む。まずは中心の段、11個を編む。

⑤ 中心の段が終わったらその1つ上の段を編む。bを手前に折り返しておき、新たに輪にしたaとcをからめる。

⑥ この要領で編み進み、全部で5段、合計49個の花を編む。

2
[1] を180度回転させ、[1] の行程を繰り返し、49個の花を編み、12cm×28cmの底をつくる。短くなった時は、順次アミ材Bで足し材をして編み進む。

2 立ち上げ

1 カーブをつけて立ち上げる
すべてのタテ芯を、手でくせづけし、カーブをつけて立ち上げる。

3 側面

1 花編み（1段目）
立ち上がり1段目を編む。
タテ材が交差している点にアミ材Aを1本差し入れて、花編みをする。
ただし、角の6ヵ所（写真参照）は、タテ材が1本しかないので、タテ材1本に、編み終えた隣の花編みの1本と、新たにアミ材Bからの足し材1本の合計3本で編む。
1段目の編み終わりは、アミ材を始めの編み目に差し込む。

2 花編み（2段目以降）
2段目以降は1段ごとにアミ材Aを1本ずつ足し、8段、高さ20cmになるまで編み進む。

4 縁

1 合わせ縁
タテ材を折り返し、合わせ縁用材で、タテ材を挟む。タテ材の方向に無理がないようにし、ワイヤなどで巻く P.104 。

2 網代巻どめ
網代巻どめ用材を用意して、[1] に4本飛び3本戻りで網代巻どめ P.104 をかける。

5 持ち手

1 持ち手をつくる
持ち手材で丸8本組み P.107 をする。40cmほど組み、両端は15cmほど残しておく。2本同じものをつくる。

2 本体に取りつける
[1] で残した15cmの部分を本体の縁下に通し、編み目に入れ込んでとめる。反対側の持ち手もつける P.107 。

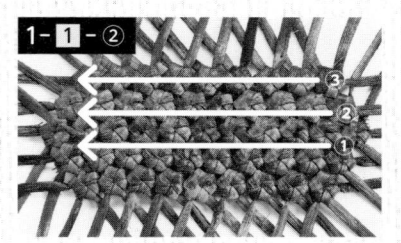

1-1-②
①中心の段を11個編む。
②中心の1つ上の段を10個編む。
③中心の2つ上の段を9個編む。

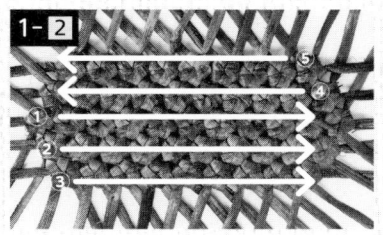

1-2
上下を逆にして
④中心の1つ上の段を10個編む。
⑤中心の2つ上の段を9個編む。

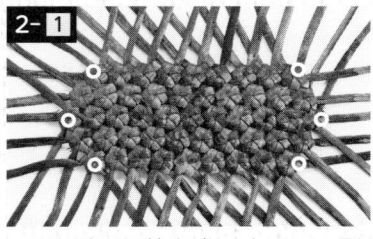

2-1
この6ヵ所はタテ材が1本しかないので、足し材をする。

3-1
サイドから見た両面の立ち上がり。立ち上げ後も花編みを続ける。

3-2
花編みを高さ20cmまで8段重ねてゆく。

4-2
合わせ縁にして、網代巻どめ。

5-1
丸8本組みで持ち手をつくる。

5-2
編み目に入れ込んで取りつける。

アケビのミニバッグ

前後の面は編み目を詰めて編みましょう。
左右の面は、ザル編みから透かし模様
ザル編みに移る時、きっちり紋って編み、
ふくらみを出すように編みましょう。

作品→ 64 ページ

仕上がりまでの技法

1, 底	タタミ編み組み
2, 立ち上げ	角をつけて立ち上げる
3, 側面	2本縄矢羽根編み 追いかけザル編み 2本縄透かし模様編み
4, 縁	捻りどめ

材　料　アケビ・つる　太さ：2mm〜 3mm ………………… 500g
　　　　　ラタンボード ……………………………………… 1枚

下準備
縦のタテ芯　太さ：3mm ……………………… 75cm ×22本（11組）
横のタテ芯　太さ：3mm ……………………… 95cm ×14本（7組）
（足し芯用）　太さ：3mm ……………………… 50cm ×36本
アミ芯　太さ：2mm ………………………………… 残りを使う

仕上がり寸法 ……………………………………… 底：11cm ×22cm、
　　　　　　　　　　　　　　　縁：9cm ×20cm、高さ：20cm

所要時間　下準備 …………………………………………… 2日間
　　　　　　編む ……………………………………………… 4時間

つくり方
の手順

底

1　タタミ編み組み
ラタンボードに縦9cm × 横21cmの寸法線を引く。縦と横の中央線を入れる。横22cmの間に、縦のタテ芯を2本1組にして11組を均等に並べ、押さえ板で押さえる。縦11cmの間を、横のタテ芯7組（2本1組）とアミ芯でタタミ編み組みし **P.99**、9cm ×21cmの底をつくる。

2 立ち上げ

1　角をつけて立ち上げる
ラタンボードからはずし、すべてのタテ芯にエンマペンチを噛ませ、角をつけて立ち上げる。

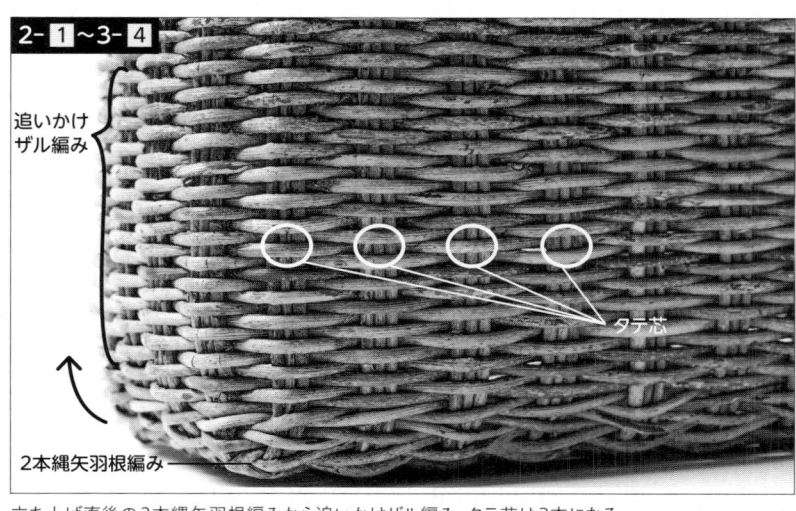

2- 1 ~3- 4

追いかけ
ザル編み

タテ芯

2本縄矢羽根編み

立ち上げ直後の2本縄矢羽根編みから追いかけザル編み。タテ芯は3本になる。

3 側面

1 2本縄矢羽根編み
立ち上げ後、2本縄矢羽根編み P.100 を1周かける。立ち上げ直後に2本縄矢羽根編みをかけると、タテ芯の間隔が均等になり、向きが整う。

2 追いかけザル編み
そのまま追いかけザル編み P.100 を3段する。

3 タテ芯の足し芯
縦のタテ芯、横のタテ芯のそれぞれの中央に1本ずつ足し芯をする。足し芯の先を斜めにカットし、底すれすれまでしっかり差し込む。すべてのタテ芯は3本になる。

4 追いかけザル編み
そのまま高さ12cmになるまで追いかけザル編みをする。

5 2本縄透かし模様編み
3本のタテ芯をばらして、長めのアミ芯で、2本縄編みを編む。1段ごとに、タテ芯1本ずつ右にずらしてかけることで、模様ができる。これを2本縄透かし編み P.101 という。

6 アミ芯の足し芯
アミ芯が途中足りなくなったら足し芯をしながら編み進む。足し芯は、新しいアミ芯を用意し、今編んでいるアミ芯に重ねて2本一緒に編む。

7 2本縄矢羽根編み
高さ20cm近くまで編んだら、最後に2本縄編みを2周して、2本縄矢羽根編みをかける。

3-5 2本縄編透かし模様編み。1段ごとにタテ芯1本ずつ右方向にずらしながらの2本縄編みをする。

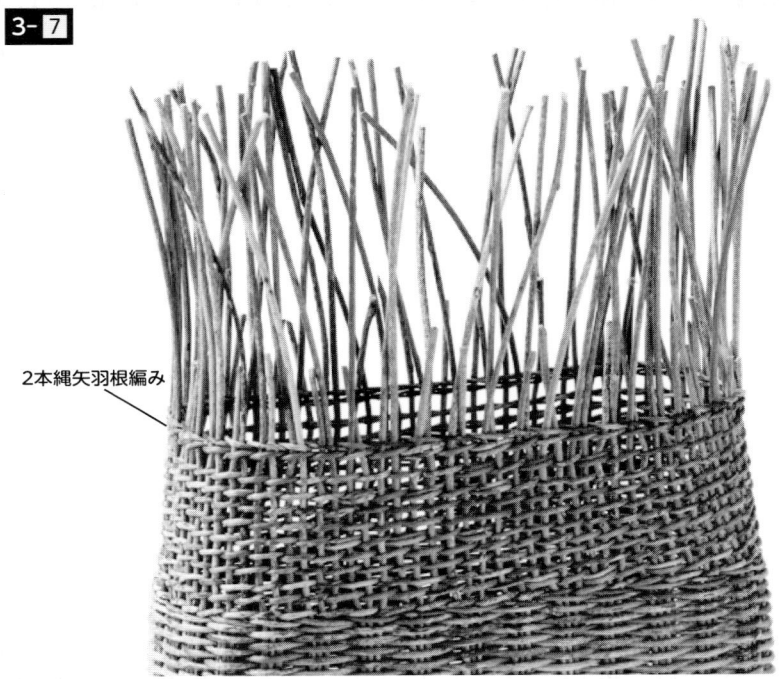

3-7 2本縄矢羽根編み

縁まで編み終わったところ。

4 縁

1 捻りどめ
タテ芯は1本ずつに分け、右の2つ隣のタテ芯に、捻って外側から内側にかけてとめる。これを2本飛ばしの捻りどめという。これを2周かける P.102 。

2 タテ芯の足し芯
タテ芯が、短かったり弱かったりした時は、新しいアミ芯を足し芯として、編み目にしっかり差し込む。

3 タテ芯の処理
すべてのタテ芯は内側でカットする。

4-1 タテ芯2本飛ばしの捻りどめを2周かける。

4-2 足し芯をする時は3段分くらい編み目にしっかり差し入れる。

4-3 捻りどめ／2本縄矢羽根編み

2本縄矢羽根編みの後、2本飛ばしの捻りどめで縁をとめる。

わらの
縄から編みのかご

縄をないながら編みます。なったタテ縄を、ヨコ縄でないながら挟み込んで、編んでゆくのが基本の動きです。慣れないうちは大変ですが、わらのない方を覚えれば、作品づくりの幅が広がります。

作品→ 53 ページ

仕上がりまでの技法

1, 底	縄から編み
2, 立ち上げ	カーブをつけて立ち上げる
3, 側 面	縄から編み
4, 縁	編み目に挟む
5, 底	すぐったわらを入れる

材　料		
打ちわら	‥‥‥‥‥‥	7束（2.1kg～ 2.8kg）
ベニヤ板　厚さ：約1cm　大きさ：30cm ×30cm	‥‥‥‥	1枚
画鋲	‥‥‥‥‥‥	適量
麻ひも	‥‥‥‥‥‥	適量
すぐったわら	‥‥‥‥‥‥	適量

下準備		
縦のタテ縄　太さ：1cm	‥‥‥‥	70cm ×5本
横のタテ縄　太さ：1cm	‥‥‥‥	70cm ×5本
ヨコ縄　　　太さ：1cm	‥‥‥‥	120cm ×4本
		※束ねたわらは麻ひもでくくっておく

仕上がり寸法 ‥‥‥ 底：30cm ×30cm、縁：28cm ×28cm、高さ：15cm

所要時間	下準備	‥‥‥‥‥‥	2時間
	編む	‥‥‥‥‥‥	5時間

つくり方 の手順

底

1 縦のタテ縄を並べる

ベニヤ板に、寸法25cm ×25cmの正方形を記す。その正方形の中に、縦のタテ縄のわら5本を、なった状態で等間隔に並べ、画鋲で仮どめする。

2 縄から編み

横のタテ縄をないながら P.52 、縦のタテ縄1本ずつを挟んでゆく。25cmの間隔に横のタテ縄5本を差し入れ、25cm ×25cmの底を組む。

3

ヨコ縄で、2 の底の周囲を5cm四方に出た縄を挟んで、ないながら1周編む。

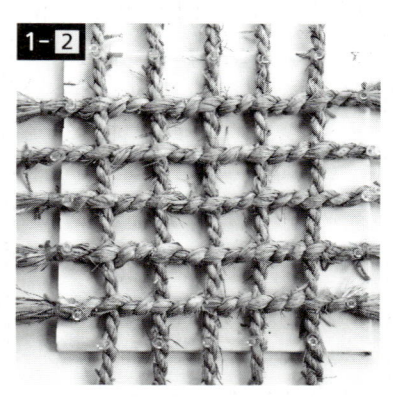

25cm ×25cmの中に、縦のタテ縄5本、横のタテ縄5本で等間隔に底を組む。

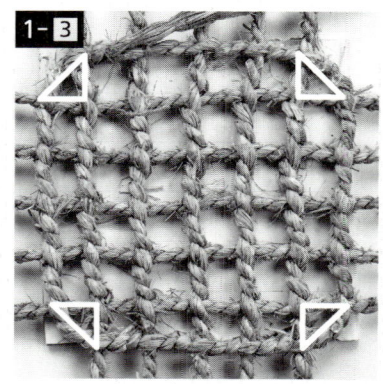

四隅は三角になるようにして、底の周りを1周編む。

2 立ち上げ

1 カーブをつけて立ち上げる

縦のタテ縄と横のタテ縄を、カーブをつけて立ち上げる。

3-1-①

5cm

カーブをつけ、丸みを持たせて立ち上げ、縄から編みを続ける。

3 側 面

1 縄から編み

立ち上がったタテ縄に、底と同じように、5cm間隔でヨコ縄を差し入れ、ヨコ縄をないながらタテ縄を挟んで巻き込んでゆく。
これを2段編む。

3-1-②

5cm

5cm

底と同じ編み方で、縄をないながら挟み込んで編み進む。

4 縁

4-1

1 編み目に挟む

タテ縄の先の高さを揃え、折り曲げて本体の編み目に挟み込む。最後の段には、ヨコ縄をないながら、折り曲げたタテ縄をしっかり挟んでとめる。心もち内側に入り込むような形に仕上げる。

最後の段は、ヨコ縄をないながら、折り曲げたタテ縄をしっかり挟む。

5-1

5 底

1 すぐったわらを入れる

すぐった柔らかなわらを底に敷いて、底を補強する。

上から見たところ。縁は心もち内側に入り込むような形に仕上げるとよい。
わらを底に敷くことで、重量に耐えられるかごになる。卵入れなどに最適。

コロコロつぐら

筒状に編み進むわけではなく、1枚のシート状にわらを編み、丸めて両端を結びつけて筒状に仕上げます。編む際は、タテ芯にひずみが出ないようにまっすぐ編むことが大切です。

作品→ 57 ページ

作品→ 57 ページ

材料

わら縄（市販） 太さ：9mm	………………	50m
太さ：4mm	………………	2m
藤・丸芯 太さ：2.75mm	………………	200g
ベニヤ板 厚さ：約1cm 大きさ：60cm ×60cm	……	1枚
釘	………………	適量
ウッドビーズ	………………	数個

下準備

タテ芯 / 藤・丸芯 ………………………… 120cm ×11本
　　　　　　　※幅4cmのUピン状に曲げておく（下図参照）
（端）/ 藤・丸芯 ………………………… 60cm ×2本
ヨコ材（2本縄編み用）/ わら 太さ：9mm ……… 150cm ×8本
（ザル編み用）/ わら 太さ：9mm ……………… 残りを使う
その他（成形・飾り用）/ わら 太さ：4mm ……… 2m

◆底型をつくる
ベニヤ板に仕上がり寸法、53cm ×44cmを記す。4cm間隔で11ヵ所、タテ芯の位置を記す。

仕上がり寸法 ………………… 直径：15cm、長さ：53cm

所要時間
下準備 ………………………………… 1時間
編む ………………………………… 2時間

仕上がりまでの技法

1.	シートを編む	2本縄編み ザル編み
2.	縁	花どめ
3.	成形	丸めて結ぶ
4.	飾りをつける	結んでとめる

つくり方の手順

1 シートを編む

1 タテ芯を並べる

底型に沿ってタテ芯11本を、隣り合わせに並べる。横44cmの間に、11本輪を下にして並べる。上にタテ芯がまっすぐのびた状態にする。タテ芯用長さ60cmの藤2本を、左右のそれぞれ右端と左端に添わせて置く。

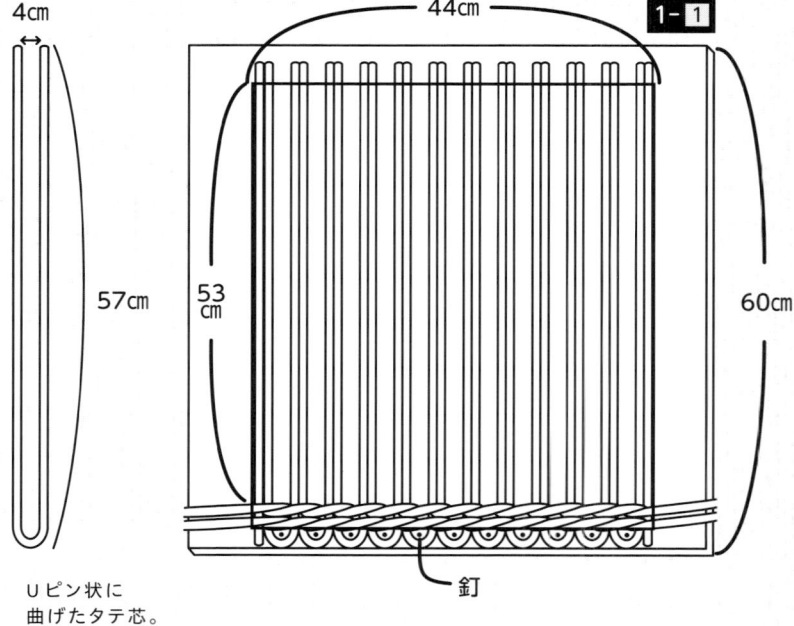

Uピン状に
曲げたタテ芯。

釘

1-1

92

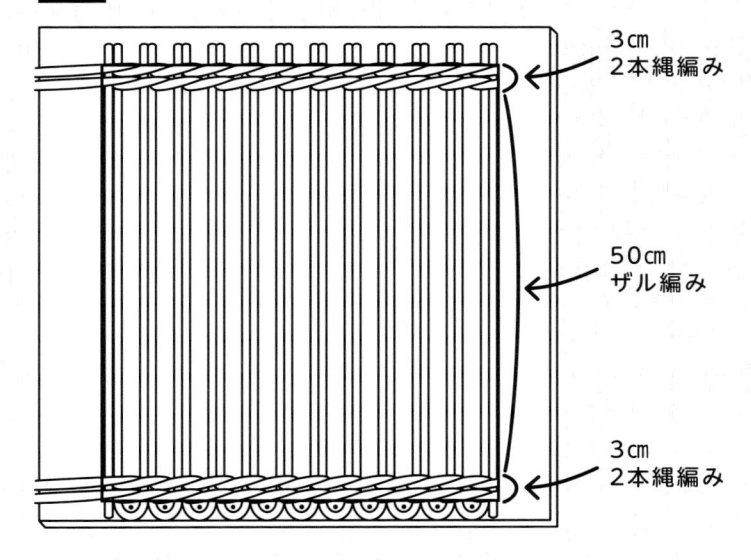

3cm
2本縄編み

50cm
ザル編み

3cm
2本縄編み

2 2本縄編み

2本縄編み用9mmのわらを2本差し込み、1 の下の輪の部分のすぐ上に、アミ芯用のわらを輪にして2段2本縄編みをかける P.100。余分なヨコ材は編み目に入れ込む。

3 ザル編み

2 の2本縄編みの1本をカットして、ザル編みをする P.100。

4

左右のタテ芯に引き返しながらザル編みをする。下から上に向かって50cm（約60段）編む。余分なヨコ材は編み目に入れ込む。

5 2本縄編み

50cmまで編んだら、2 同様に2本縄編みを2段かける。

2 縁

1 花どめ

籐のタテ芯を輪に曲げて、隣のタテ芯にしっかり深く差し込む。これを花どめという。
これで上下ともに端のタテ芯は輪になる。

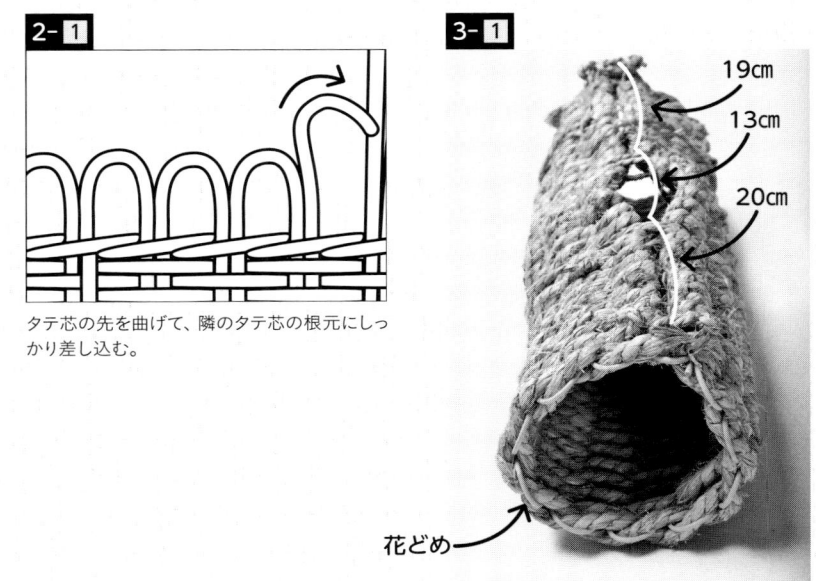

タテ芯の先を曲げて、隣のタテ芯の根元にしっかり差し込む。

19cm
13cm
20cm

花どめ

数ヵ所にわらを通して結んでとめる。

3 成 形

1 丸めて結ぶ

底型からはずし、全体を丸めて筒状にし、太さ4mmのわらで、両端を4ヵ所結んでとめる。とめる位置は、両端と、端から20cmの位置、反対側の端から19cmの位置の4ヵ所。中心部の13cm分は、出入り口としてたるませて開けておく。

4 飾りをつける

1 結んでとめる

内側から太さ4mmのわらを通し、20cm分外に出して、内側を結んでとめる。外側に出ている20cmの部分にウッドビーズを通し、わらを結んでとめる。

ビーズは内側からわらを通し、好みの位置につける。

ガーデンバスケット

自然素材なので、タテ芯の太さが一定ではありません。小枝に穴をあけるときは、まずは端材を使って試しに穴をあけ、タテ芯にちょうどよい穴の大きさを調べましょう。大きすぎるとタテ芯が抜けてしまうので、最初小さめに開けてから、少しずつ穴の大きさを調整していきましょう。

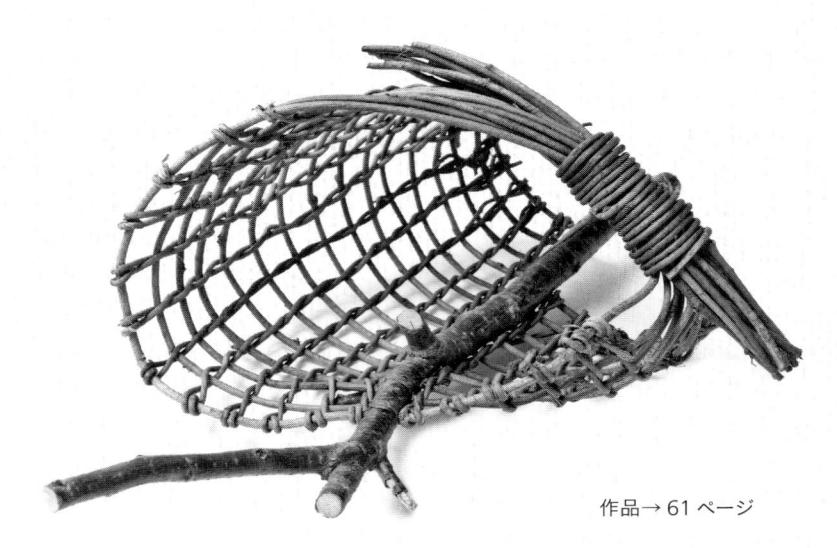

作品→61ページ

仕上がりまでの技法

1,	フレームを組む	フレームに穴を開ける
2,	タテ芯を組む	タテ芯を差し込む
3,	編む	2本縄編み
4,	成形	まとめて仕上げる

材料
桜・小枝　太さ：3cm ……………………………………… 65cm × 1本
アオツヅラフジ・つる …………………………………………… 500g
麻ひも ………………………………………………………………適量
キリまたはドリル ………………………………………………… 1本

下準備
タテ芯　（上面用）　太さ：4mm〜5mm ………………… 75cm ×16本
　　　　（下面用）　太さ：4mm〜5mm ………………… 50cm ×10本
アミ芯　（上面用）　太さ：3mm〜4mm ………………… 80cm ×12本
　　　　（下面用）　太さ：3mm〜4mm ………………… 60cm ×6本
その他（足し芯、巻き材など）太さ：3〜5mm… 50〜80cm × 約10本

仕上がり寸法 ……………………… 底：35cm ×45cm、高さ：23cm

所要時間　下準備 ………………………………………… 1時間
　　　　　　　編む ………………………………………… 2時間

つくり方の手順

1 フレームを組む

1　桜の小枝を用意する
桜の小枝の節や横枝の状況を観察し、節の位置や長さ、太さによって、穴の位置とデザインの向きなどを決める。

2
桜の小枝の両面に、上面用と下面用の穴の位置を印をつける。上面用と下面用の穴の位置はずらして、1つ1つの間は2cm間隔をあける。印の場所にそれぞれ直径4mm弱の穴をキリやドリルであける。差し込むタテ芯の太さに合わせて、穴の大きさを調整する。

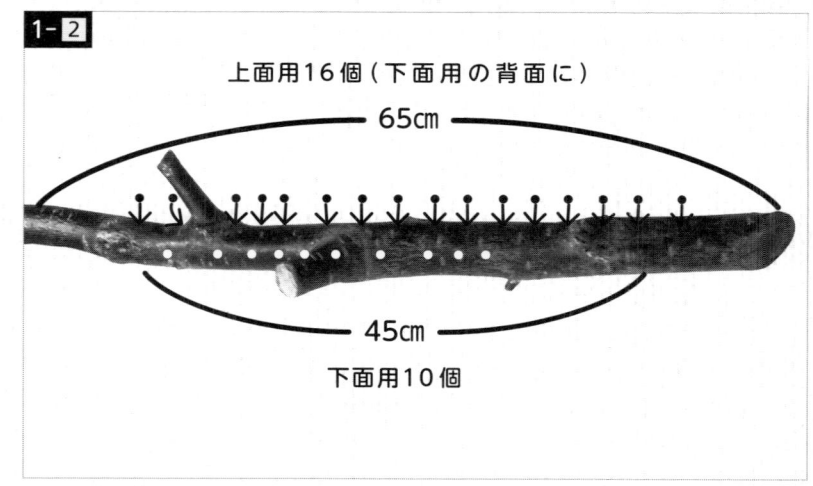

1-2
上面用16個（下面用の背面に）
65cm
45cm
下面用10個

65cmくらいの枝の45cmくらいの間に、タテ芯用の穴をあける。隣との間は2cmあけ、上面用と下面用の穴は互い違いになるようにする。

2 タテ芯を組む

1 タテ芯を差し込む

穴に木工用接着剤をつけて、タテ芯を差し込む。木工用接着剤はつけすぎるとタテ芯を成形する時に折れてしまうので、注意する。

3 編 む

1 2本縄編み

枝に差し込んだタテ芯を固定させるために、上面、下面ともに2本縄編み P.100 を1段かける。両端は1番端のタテ芯にから巻きする。ワイヤと麻ひもで、フレームと1段目の2本縄編みの部分を仮どめする。1段ずつ形をつくりながら、下面は全部で2段、上面は3段、2本縄編みをかける。

2 タテ芯をまとめる

上面と下面のタテ芯をまとめて成形し、麻ひもで仮どめし、さらに2本縄編みを上面は8段、下面は5段かける。

4 成 形

1 タテ芯をまとめる

全体の形を整え、3-2 で仮どめした上から、その他の材で素巻きして仕上げる。3-1 の仮どめははずす。

小さな ガーデンバスケット

材 料
桜・小枝 太さ：1cm … 30〜35cm×1本
アオツヅラフジ・つる……………………… 300g
麻ひも ………………………………………適量
キリまたはドリル ………………………… 1つ

下準備
タテ芯 太さ：3mm〜4mm…… 30cm×14本
アミ芯 太さ：2mm〜3mm…… 30cm×18本
その他 太さ：2mm〜4mm 30〜60cm×10本

仕上がり寸法 ………… 底：10cm×35cm、
　　　　　　　　　　　　　高さ：18cm

所要時間 下準備………………………… 30分
　　　　　　編む…………………………… 1時間

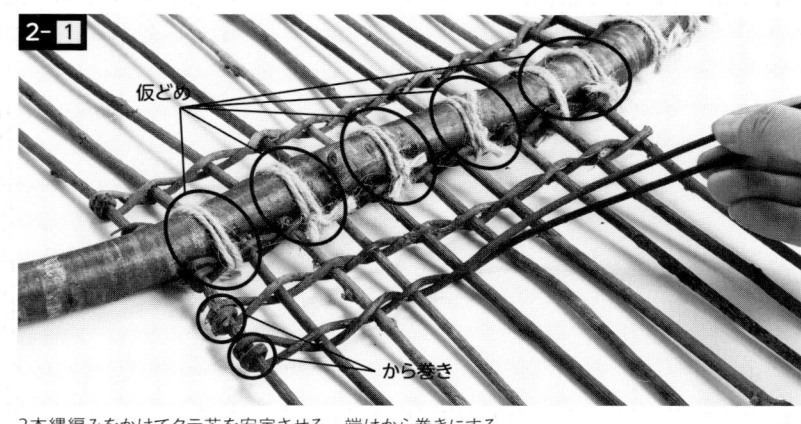

2-1

仮どめ

から巻き

2本縄編みをかけてタテ芯を安定させる。端はから巻きにする。

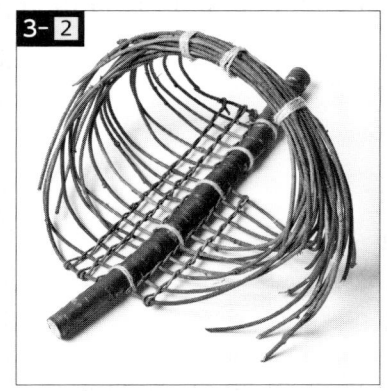

3-2

タテ芯をまとめて麻ひもで仮どめする。

4-1

素巻き

最後の素巻きはデザインのポイントになる。

同じ技法でつくれます

小さくつくって出窓などに飾っても素敵です。タテ芯を差し込む穴は1.5cm間隔で。2本縄編みは上面14段、下面4段ですが、大きさを見て調整してください。

作品→ 61 ページ

アオツヅラフジの
乱れ編みのかご

数本のつるを束ねたフレームに、自然素材の面白さが生かせる乱れ編みでつくったかごです。乱れの流れを同じ方向に向けないこと、太さ、色などをさまざまな編み芯を使うことがきれいに仕上げるコツです。

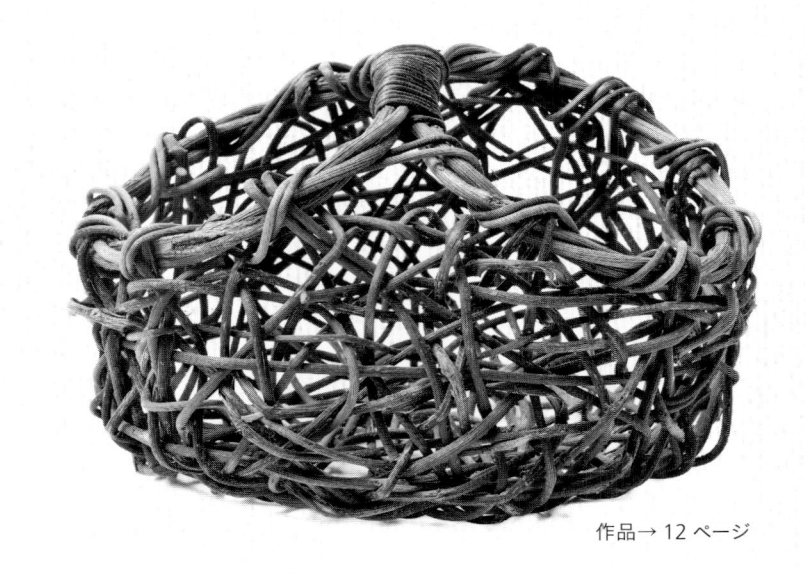

作品→ 12 ページ

仕上がりまでの技法

1，	フレームを組む	リングにしてまとめる
2，	タテ芯を組む	乱れ編み組み
3	編 む	乱れ編み
4	成 形	まとめて仕上げる

材 料　アオツヅラフジ　太さ：3mm〜 8mm ……………… 300g

下準備
フレーム用　太さ：5mm〜 8mm ………………………… 150cm ×2本
タテ芯・アミ芯　太さ：5mm〜 7mm …… 100cm〜 150cm ×10 〜 15本
その他（足し芯用など）………………………………… 残りを使う
木型（丸太、または空き箱など）　17cm ×22cm ×12cm ………… 1つ
ワイヤ ……………………………………………………………適量

仕上がり寸法 …………………… 底：17cm ×22cm、縁：17cm ×25cm
高さ：12cm（持ち手まで含めると18cm）

所要時間　下準備 ………………………………………… 30分
編む ……………………………………………… 2時間

つくり方の手順

フレームを組む

1　リングをつくる

フレーム用アオツヅラフジを3重に丸めて直径13cmのリングをつくる。2つのリングの中央をワイヤで仮どめし、リングの間を25cmに広げる。

2　組んでまとめる

中芯をその他の材から細めのものを選び、加減を見ながら巻く。次に太めのつるで、長さ5cm分ほどしっかり巻きつける。

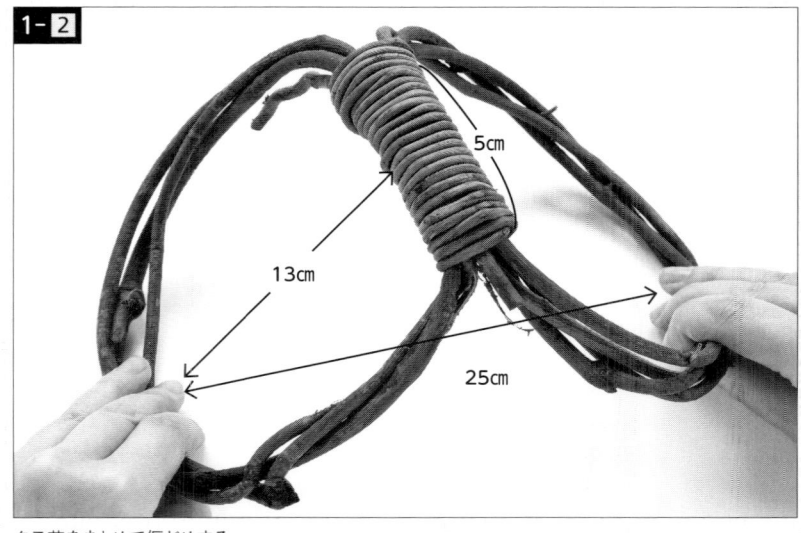

1-2

タテ芯をまとめて仮どめする。

2 タテ芯を組む

1 乱れ編み組み

平面で100cm～150cm前後のタテ芯を10本使って、乱れ編み **P.101** で、22cm×17cmほどの楕円状に底を組む。

2 仮どめ

タテ芯を底から側面に立ち上げる。手でくせづけしながらゆるやかに立ち上げる。長いつるに恵まれなかった時、タテ芯が折れてしまった時など、適宜足し芯をする。

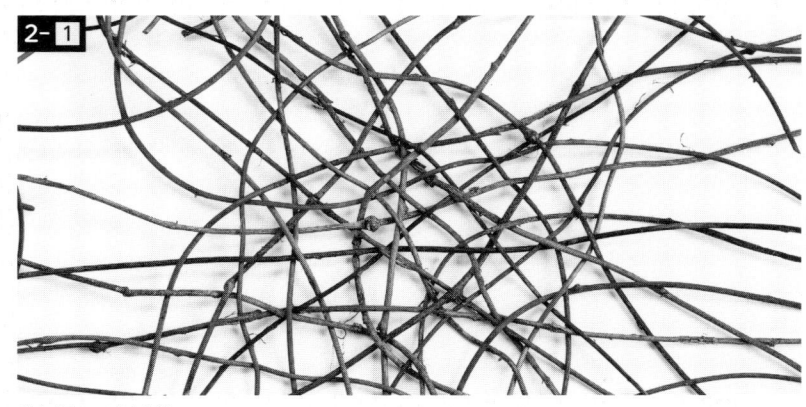

2-1

乱れ編みで底を組む。

3 編 む

1 乱れ編み

長めのアミ芯を数本加え、乱れに組んで編み入れる。太さ、色、質感などの、まちまちなつるを加えると、乱れの表情が豊かになる。

2-2

立ち上げて仮どめし、側面を編む。

4 成 形

1 型を入れる

木型を入れて、リングの高さの位置を安定させる。

2 フレームに巻きつける

乱れに組みながら、フレームに巻きつける。本体の形がいびつにならないように、右、左、前、後の順に行う。

3 まとめる

形のめどがついたら仮どめをほどいて型をはずし、乱れ編みを進める。編み目が集中しすぎている所と、薄い所の差がないように整え、足りない所には足し芯をしながら編む。始めと終わりの編み芯は内側に入れて処理する。

4-1

型を使って形を決める。

4-2

側面を編みながら、フレームに巻きつける。
形のめどがついたら木型ははずし、全体を整える。

★と☆のページは、詳しく説明しているページです。

★はマスターするとさまざまなシーンで使える基本的な技法です。

☆は難しい技法のため、作品の中で詳しく解説しています。

※この項目での技法の分類は、分かりやすくするためのものです。
　　実際にはさまざまに使われ、名称が異なることがあります。

1 底を組む技法

丸い底

十字組み

「一」という字の形にタテ芯を数本ずつ組み、アミ芯で周りを締めて固定（根締め）する組法。丸い底のかごの最も基本的な組法。主としてタテ芯の少ない底組に使われる。

☆ P.19

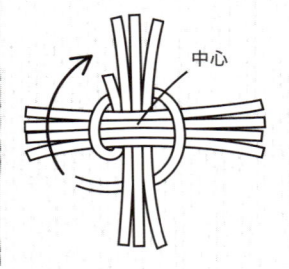
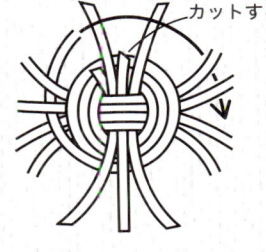

米字組み

「米」という字の形にタテ芯を数本ずつ組み、根締めで固定する組法。十字組みより比較的タテ芯の本数を多くしたい作品に使う。

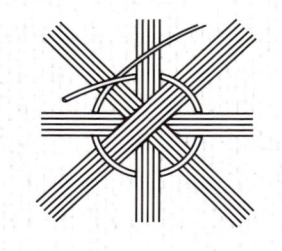

丸にも四角にもなる底

井桁組み

底に穴が必要な作品や、底のタテ芯を多くしたい場合などに使う。タテ芯を多く組むことによって、底の形も、立ち上げ後の側面の編み方も、選択肢が広がる。
他の技法と組み合わせることで、四角から別の形の底にすることも可能。

★ P.29

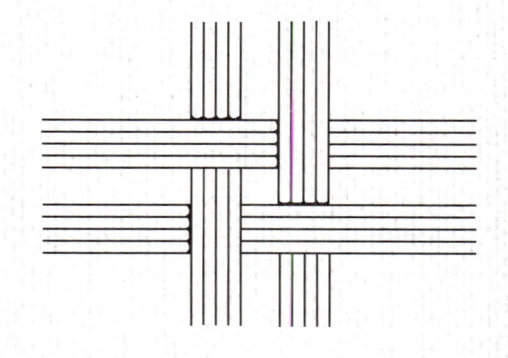

四角い底

タテ芯 2 本で組む

タテ芯 1 本で組む。aとbは、同間隔。

タタミ編み組み
（ザル編み）

四角いかごの底の最も基本的な組法。縦のタテ芯を均等に並べる。アミ芯で引き返しのザル編みをする。横のタテ芯を編み入れる。繰り返して底の寸法まで編む。

☆ P.26

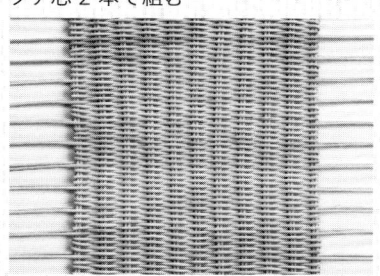
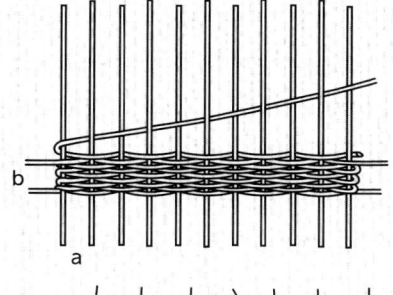

網代組み
（網代編み）

主として平芯や樹皮などに使われる技法。アミ材をタテ2本飛ばしに連続して編むことで、網代の美しい編み模様になる。

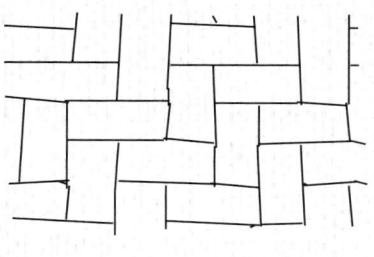

四つ目組み
（四つ目編み）

タテ材、ヨコ材ともに同じ幅の平材（樹皮など）で編む。横のタテ材を、縦のタテ材の上と下を交互に通して編むシンプルな編み方。

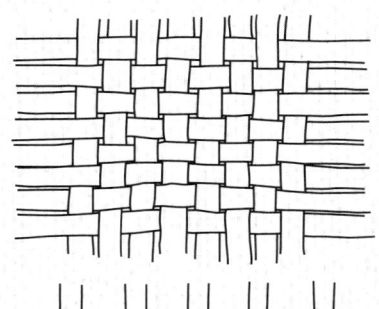

格子組み

タテ材の間隔をあけて、格子状に組む。横のタテ材を、縦のタテ材の上と下を交互に組む。使う場所や地方によって本数や素材を変えたり、呼び名が変わったりするが、基本技法は同じ。

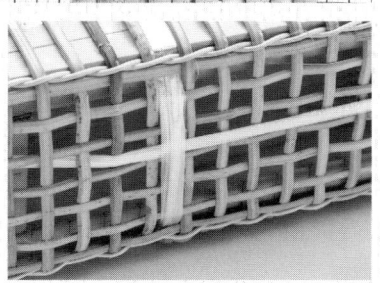

2 立ち上げの技法

カーブをつけて立ち上げる ………………

手先でタテ芯にくせづけをしながら、希望のカーブに編む。自然な雰囲気が出せる。

角をつけて立ち上げる ………………

エンマペンチで噛ませたり、木型に添わせてくせづけする。

3 側面を編む技法

ザル編み

ザル編み

奇数本のタテ芯を使うときは、タテ芯1本ごとに内側と外側を交互に通し、次の段は逆になる。 ☆ P.20

追いかけザル編み

偶数本のタテ芯を使うときは、アミ芯を2本差し入れ、2段同時にザル編みする。上の段（追いかける方）は下の段と編み方を逆にする。 ☆ P.27

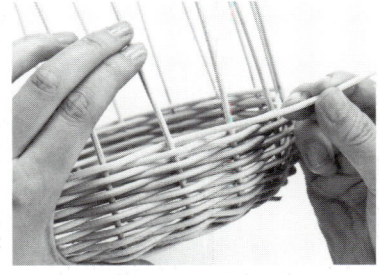

アミ芯1本のザル編み。

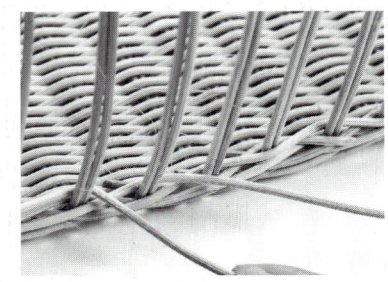

アミ芯2本の追いかけザル編み。

縄編み

2本縄編み

2本のアミ芯でタテ芯を挟み、縄をなうようにねじりながら編む。底の編み終わりや、底から側面に立ち上がった直後などで登場することが多く、タテ芯をまっすぐにする役目もある。 ☆ P.29

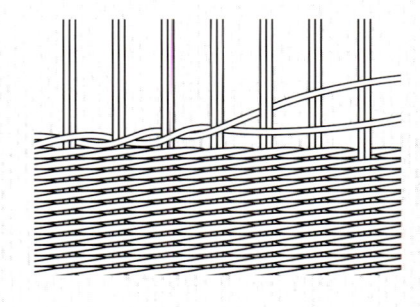

2本縄矢羽根編み

上から下へねじる2本縄編みを1周した後、下から上へねじる2本縄編みで1周することで矢羽模様ができる。 ☆ P.29

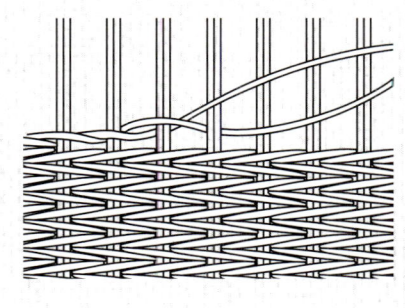

3本縄編み

アミ芯3本で縄編みをする。2本縄編みに比べて、編み目の調整が難しいので、引き締めながら編んでゆくとよい。 ☆ P.68

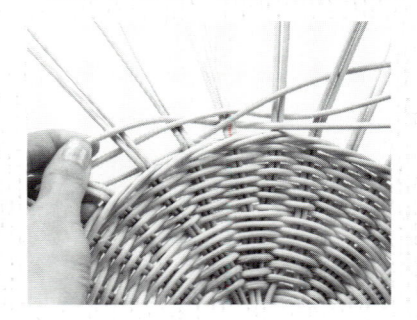

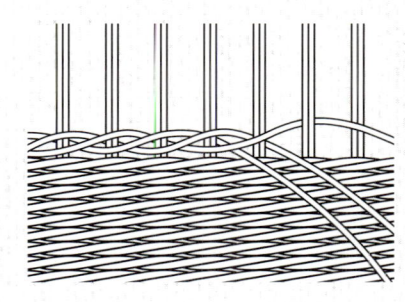

透かし編み
<small>す</small>

棚編み
<small>たな</small>

タテ芯を隙間なく編むのではなく、タテ芯の向こうが透けて見えるくらいに適度な隙間をあけて編む。2本縄編み1周の場合や2周、または2本縄矢羽根編みなどを使うことが多い。 ☆P.73

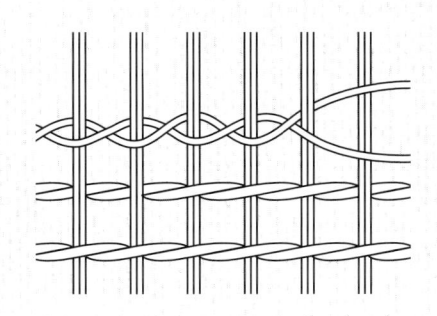

矢来組み
<small>やらい</small>

棚編みの変形。2本タテ芯の2本を分けて、隣どうしを交差させて矢来模様をつくったり、隣どうしを寄せたりしてから、2本縄編みや2本縄矢羽根編みなどをかける。 ☆P.31

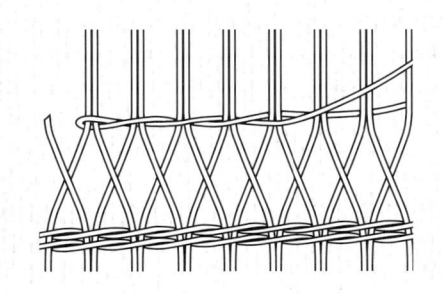

模様編み

石畳編み
<small>いしだたみ</small>

背取りの籐など、ある程度幅のある平材が向く。2本の編み材を折り返しながら組み合わせて編む。編み材を多く必要とする分、型崩れしにくく丈夫に仕上がる。 ★P.83

乱れ編み

法則は特になく編み方は自由。だからこそセンスが問われるが、材の流れを同一方向にしないことがきれいに仕上げるコツ。自然素材のよさが生かせる編み方。 ☆P.84

花編み

樹皮など、ある程度幅のある平材が向く。3本のアミ材を使って折り曲げて折り返しながら組み編みする。仕上がりが上品でかわいらしく、世代を問わずに、人気。 ★P.86

2本縄透かし模様編み

長めのアミ芯を使った、2本縄編みの変形。バリエーションがいろいろある。1段ごとにタテ芯を1本ずつずらしてかけたもの。 ☆P.88

4 縁をとめる技法

タテ芯を外側から内側へかけるとめ方

捻りどめ
外側から内側へ捻ってかける

内高縄どめと逆で、タテ芯を外側から内側に捻ってからめる（隣のタテ芯にかける1本飛ばしと、2つ隣のタテ芯にかける2本飛ばしなどがある）。1周終わるとすべてのタテ芯が内側に入るので、それを再度隣のタテ芯に外側から内側へ捻ってからめる。　☆P.89

2本飛ばしの捻りどめ。

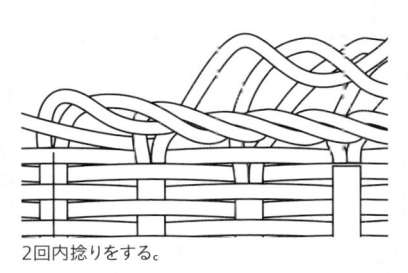

2回内捻りをする。

三重の捻りどめ

捻りどめのバリエーション。通常2周のところを、さらにもう1周ひねった三重捻り。「三重縄どめ」ともいう。　☆P.47

三重の捻りどめ（三重縄どめ）。

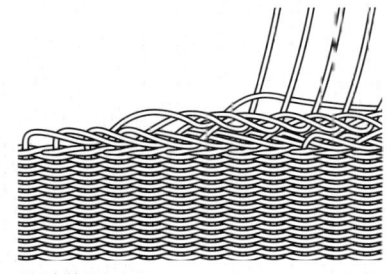

3回内捻りをする。

タテ芯を複雑にからませるとめ方

三つ編みどめ
1つ隣の上を通して、2つ隣の下へ出し、3つ隣に添わせる

タテ芯2本を同時に動かす編み方。基本の動きは、捻って1つ隣のタテ芯に上からかけて、2つ隣のタテ芯の下を通し、3つ隣のタテ芯に添わせて編む。この基本的な動きですべてのタテ芯を編んでゆくことで、最初だけ細かった編み目が、1周終わるとすべて同じボリュームになる。　★P.27

タテ芯2本以上で行うときれいな三つ編みになる。

編み方のバランスをくずすと美しい三つ編み模様にならないので、バランスよく編むことが大切。

タテ芯を内側から外側へかけるとめ方

内高縄どめ

内側から外側へかけて内側におさめる

捻りどめと逆で、タテ芯を隣のタテ芯に、内側から外側にかける。タテ芯の本数違いや、タテ芯1本飛び、2本飛びなど、バリエーションがある。仕上がりが縄のような編み目になることから、縄どめという。

☆ P.20

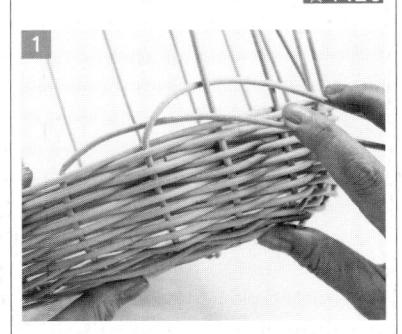

隣のタテ芯に内側からかけて外側に出す。

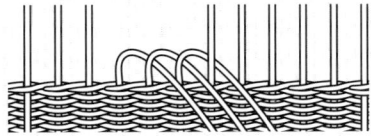

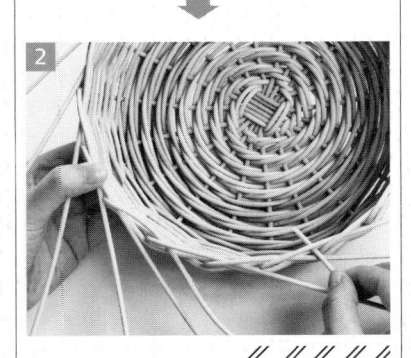

2つ隣の編み目に外側から内側に入れる。

内高縄どめ内捻り

内高縄どめの後、内側で捻る

内高縄どめの 2 の工程の後、内側に入ったタテ芯を隣のタテ芯にかけて捻る。

☆ P.21

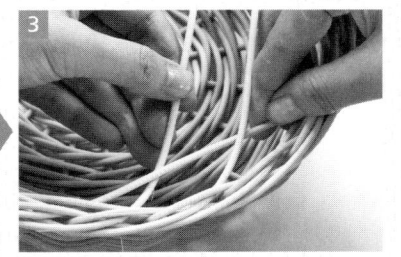

内側に入った芯を隣のタテ芯にかけて捻る。

余分なタテ芯はカットする。

内高外どめ

内高縄どめの後、外側へ出す

内高縄どめの 2 の工程の後、内高縄どめで内側に処理したタテ芯を、隣の編み目から外側に出す。タテ芯を処理した面をあえて表から見せたい場合に使う。

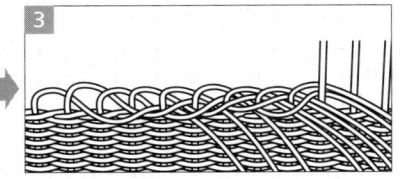

内側にあるタテ芯を外側に出す。

余分なタテ芯はカットする。 ☆ P.73

内高外出しどめ

内高縄どめの途中で本体にとめつける

内高縄どめの 1 の工程の後、外に出したタテ芯に2本縄編み、2本縄矢羽根編み、または3本縄編みをかけて、本体にとめつける。

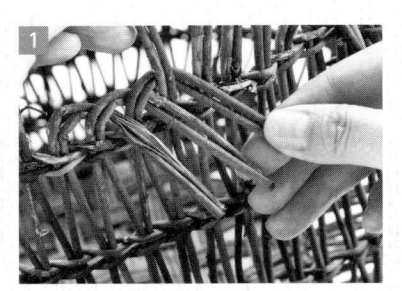

内高縄どめ 1 の工程。
タテ芯を隣のタテ芯にかけて外側に出す。

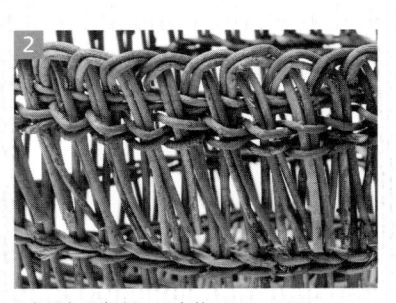

2本縄矢羽根編みで本体にとめつける。
☆ P.31

別の素材を使ったとめ方

合わせ縁

タテ芯の両側に縁芯をあて、合わせ縁をつくる。平材で縁をつくるときに多用され、網代巻などで合わせた縁を巻いて、縁を仕上げる。

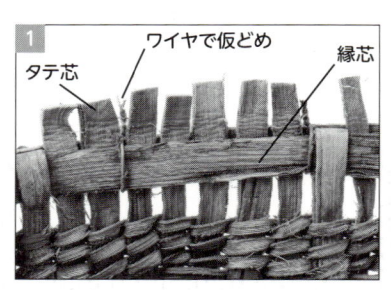

タテ芯を挟んで両側に縁芯を当てて、ワイヤで仮どめする。タテ芯3〜6本おきに縁芯にかけて、編み目に差し込んでとめる。

余ったタテ芯をカットする。タテ芯の間隔を均等に調整して合わせ、縁の完成。

網代巻どめのいろいろ

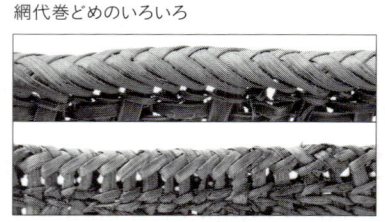

編み目の間隔や飛ばし方で、表情が変わる。

網代巻どめ

合わせ縁などの縁を網代模様にまいて仕上げる。本体の大きさ、網み目の間隔によって飛ばし方を変えると、模様の変化を楽しめる。

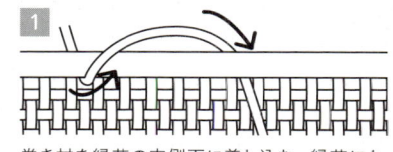

巻き材を縁芯の内側下に差し込む。縁芯にかけてタテ芯6本飛んで、縁芯の外側から内に出す。

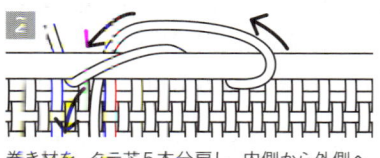

巻き材を、タテ芯5本分戻し、内側から外側へ出す。1 2 を6本飛び5本戻りの網代巻きという。

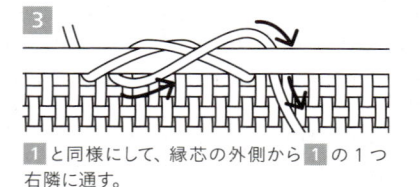

1 と同様にして、縁芯の外側から 1 の1つ右隣に通す。

2 と同様にして 2 の1つ右隣に通す。

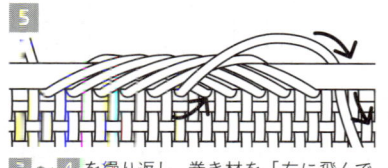

3 〜 4 を繰り返し、巻き材を「右に飛んで左に戻す」を繰り返す。

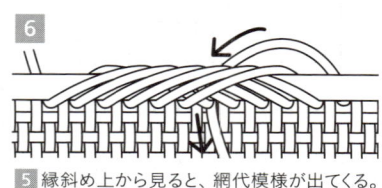

5 縁斜め上から見ると、網代模様が出てくる。さらに 3 〜 4 を繰り返す。

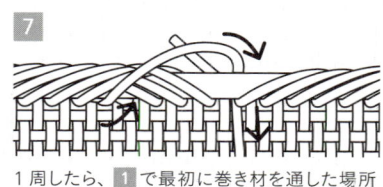

1周したら、1 で最初に巻き材を通した場所にもう1度通し、左に5本戻って通す。

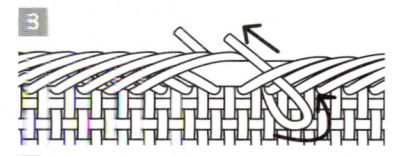

7 で縁芯にかけた「巻き」をすくって左に戻す。

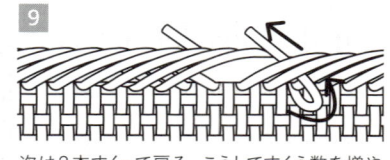

次は2本すくって戻る。こうしてすくう数を増やしていく。

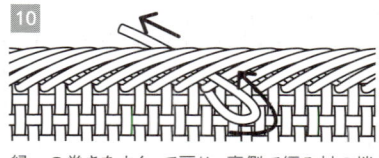

縁への巻きをすくって戻り、裏側で編み材の端を編み目に通してとめる。

5-A とめ具のつくり方 & 取りつけ方

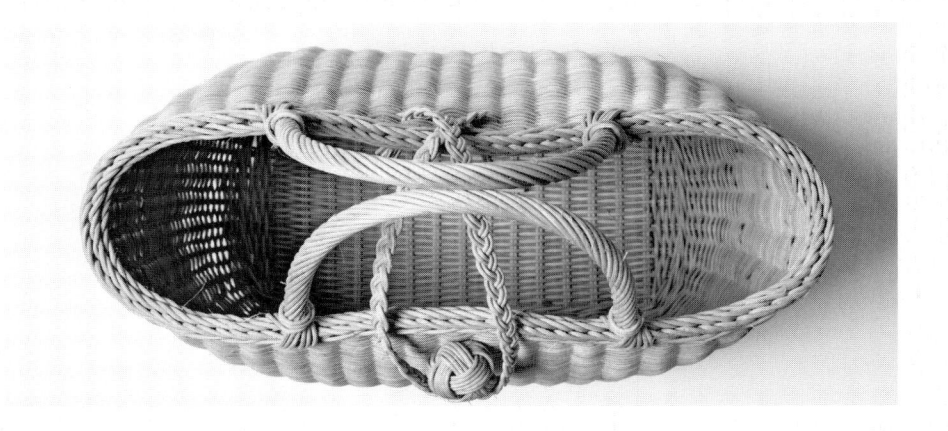

バッグのとめ具の部分。とめ具とひもで、ちょうどバッグの口がとまる長さにつくる。

玉リング

アミ芯をリングに結んで玉状にする。取りつけるときは、アミ材の端を本体の編み目に入れ込んでとめ、余分な部分はカットする。

① 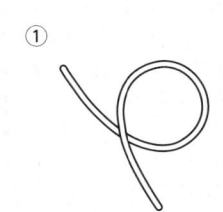　② 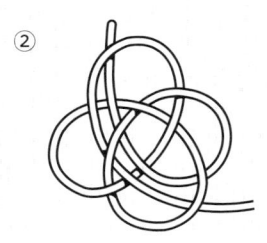　③ 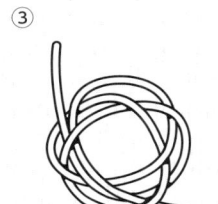　④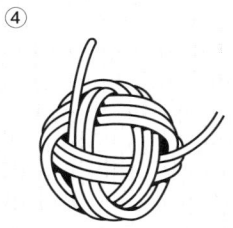

三つ編みひも

アミ芯3本で三つ編みひもを編む。端を15cmほど残しておいて、本体の編み目に入れ込んでとめ、余分な部分はカットする。

① 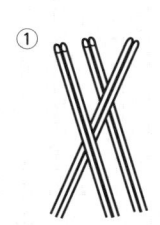　② 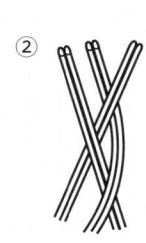　③

5-B 持ち手のつくり方 & とりつけ方

芯を使う

縁に芯を差す

籐のかごに持ち手を取りつける。材も籐を使う。 **P.69**

平打で縁に隙間をつくり、持ち手用の芯を左右両端に差し込む。

アミ芯を左の縁下に通し、持ち手用の芯に左から右へ巻きつけていき、右端まで行ったら右の縁下に通し、再び左へ巻き進める。これを繰り返して隙間なく巻きつけ、最後は縁下に編み込んでとめる

アミ材を束ねて芯に使う

樺皮のバッグに持ち手を取りつける。巻き材は、樹皮や籐の半芯、背どり籐などの平材を使うことが多い。 **P.43**

持ち手用の芯を数本束ね、輪にして縁に通す。

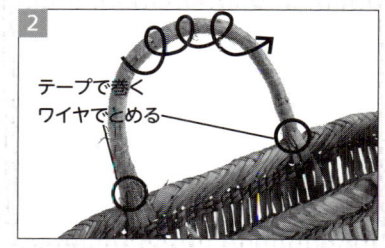

ワイヤで仮どめしながら持ち手の高さ、太さなどを調節し、フローラルテープを緩みなく巻く。

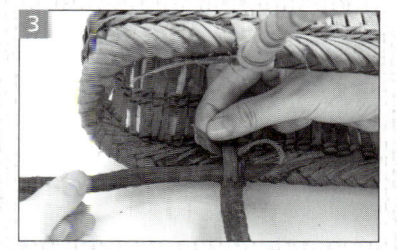

巻き材を縁の輪に通して、端を編み目に編み込んでとめる。

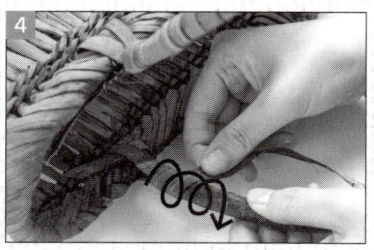

持ち手に巻き材をぐるぐる巻きつけ、反対側まで巻き進む。

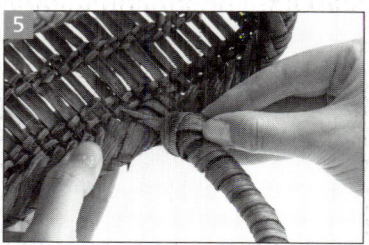

最後は余った巻き材を縁の輪に差し込み、縁下の編み目に編み込んで止める。

アミ材を組んでつくる

丸4本組み

アミ材2本を輪にして4本組みにし、最後は輪をカットして、両側に15cmほど組んでいない部分を残しておく。

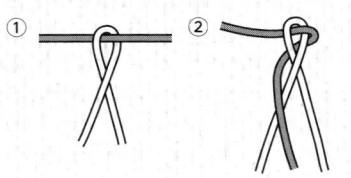

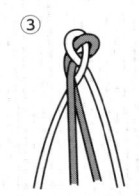 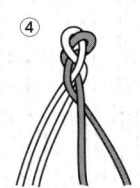 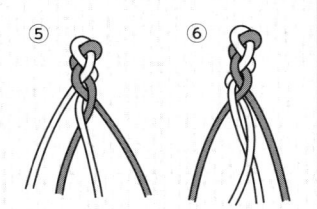

丸6本組み

アミ材3本を輪にして6本組みにし、最後は輪をカットして（またはアミ材6本をまっすぐのまま6本組みに）、両側に15cmほど組んでいない部分を残しておく。

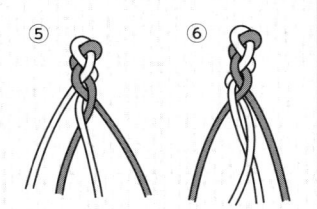

A B C D E F

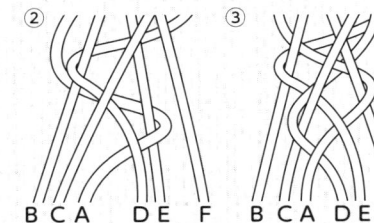 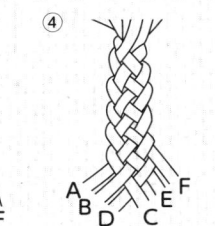

B C A D E F　　B C A D E F　　A B D C E F

丸8本組み

アミ材8本をまっすぐのまま8本組みにし、両側に15cmほど組んでいない部分を残しておく。

A B C D H E F G

  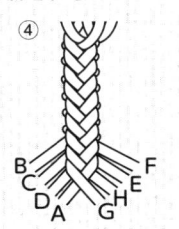

B C D A H E F G　　B C D A G H E F　　B C D A G H E F

編み目に入れ込む

持ち手を組むときに、端に残した15cmの部分を編み目に入れ込んで、編んでとめる。

リングと持ち手をつなぐ

あらかじめつくったリングに、持ち手の端を通してつなげる。
【本体側】リング用の材を本体の編み目に通してリングをつくる。最後は本体の編み目に編み込んでとめる。
【持ち手側】持ち手の先を本体のリングに通して折り返し、持ち手と一緒に巻いてつなぐ。

この本で使用する
かごづくりの
主な道具

身の周りにあるものだけで楽しめることは、かごづくりの魅力の1つです。
ここでは、あると便利な道具を紹介します。

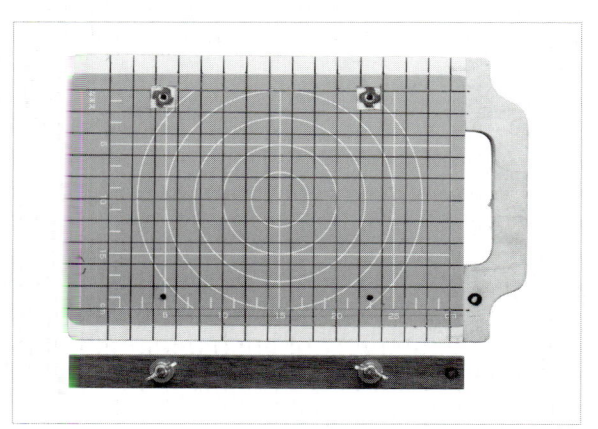

ラタンボード、底型

底を編む際にガイドとなる底型。目盛りに合わせてタテ芯を並べた後、
押さえ板で固定する。縦のタテ芯を固定した状態のまま横のタテ芯を編
むので、正確な寸法できれいに編み進むことができる。市販もされて
いる。ベニヤ板などに線を引けば、自分でも制作できる。

木型

ベニヤ板を組み合わせて釘で打って固定したもの。バッグなどしっかりと
角のある作品をつくる時には、木型があるとよい。酒や陶器、カステラ
の入っていた木箱などでも、サイズが合えば利用できる。

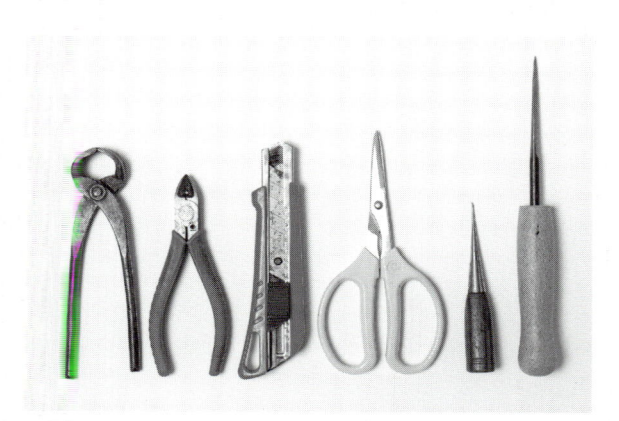

工具類

写真左から、エンマペンチ、ニッパー、カッター、はさみ、目打ち、平打ち。
しっかり噛めるエンマペンチは硬い素材のくせづけに、ニッパーは釘や画
鋲を抜いたりカットする時に使用。平打ちは、編み目を整える時や、足
芯する時などに使う。

ピンチ類

制作中に仮に編み目を押さえる時や、仮にとめる時などに使う。左端は
ネジ式でボードなどにしっかり固定できる。手軽に洗濯バサミを使っても
よい。

洗面器、たらいなど

かごづくりは素材や作品を水で濡らしながらの作業があるので、素材や作品がそのまま入る大きなものがよい。

床用シート

水を使う作業があるため、床が濡れないよう床に敷けるものがあるとよい。レジャーシートなど。

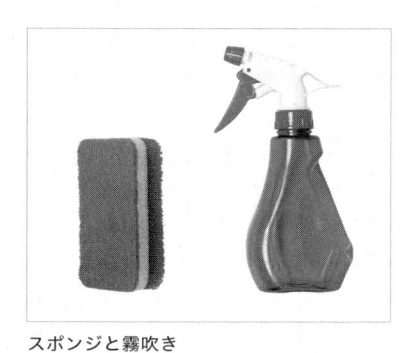

スポンジと霧吹き

ピンポイントで水分が必要な時は、作業のかたわらに湿らしたスポンジや霧吹きがあると便利。

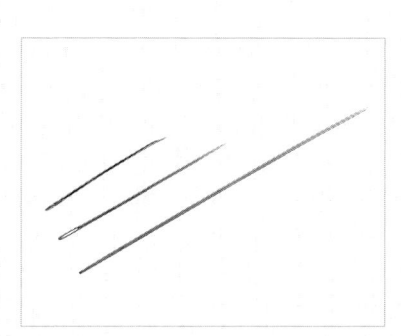

タタミ針

タタミ針は、タタミを編む時の針。竹皮やわらを編む時に使う。ホームセンターなどで購入できる。

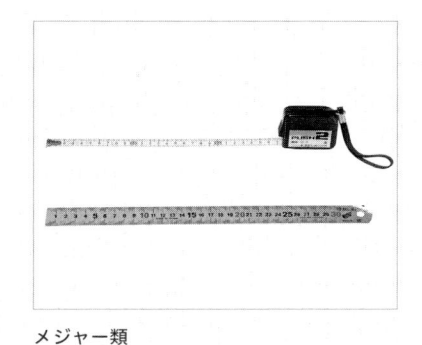

メジャー類

物差しや定規、メジャーなど、寸法を計れるもの。

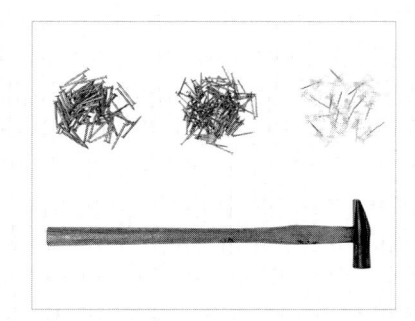

金槌、釘、画鋲

木型をつくる時や、制作中に木型に添わせて仮どめする時に、画鋲、釘、金槌を使う。釘や画鋲をはずす時はニッパーを使う。

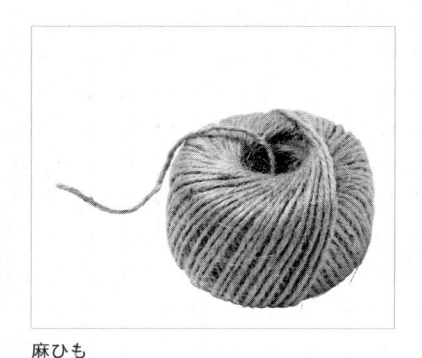

麻ひも

制作中に仮に束ねる時や、仮どめする時などに使う。はずす時ははさみで切る。

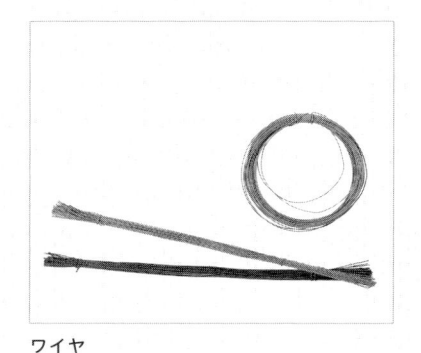

ワイヤ

制作中に仮に押さえる時や、仮どめする時などに使う。はずすときはニッパーで切る。

鉄片、重し

制作中に仮に押さえる時や、くせづけする時などに使う。

つくったかごを大切に
かごの手入れ

自分でつくったかごは特別なものです。大事に長く使えるよう、基本的な手入れの仕方を知っておきましょう。

		日頃の手入れ		細部の手入れ
素材共通の手入れ			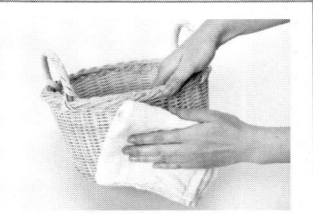	
		ブラシでほこりを取り除く そうじ用の柔らかいブラシを使い、全体をやさしくブラッシングして、ほこりを取り除く。	**固く絞った布巾でふく** ブラシでとれない汚れがあれば、固く絞った布巾でふく。気になる所を中心に。	**飛び出た編み目をカットする** 足し芯をした所や、縁どめをした所など、上手に処理したはずでも、使っているうちに飛び出てくることも。気づいたら、はさみでカットする。

素材別の手入れ

	日頃の手入れ		細部の手入れ
籐のかごの手入れ			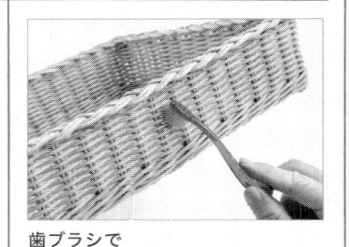
	まるごと水洗いする 籐のかごの場合、まるごと水に浸けて水洗いできる。	**ラッカースプレーで艶出しする** 長い間使い込むうちにかごには自然と艶が出る。市販の艶出しスプレーを使えば、手軽に艶出しできる。	**歯ブラシで細部のほこりを取り除く** 目の細かいかごで、細部の汚れが気になる場合に、歯ブラシなどを使うと細部までそうじできる。

自然素材のかごの手入れ

手袋にくるんだナッツで表面を磨く
アケビやヤマブドウ、白樺、胡桃などをはじめとした、自然素材でつくったかごの場合、自然の油分で磨くとよい。胡桃やピーナッツなどのナッツ類や、ゴマなどでも代用できる。

		細部の手入れ
	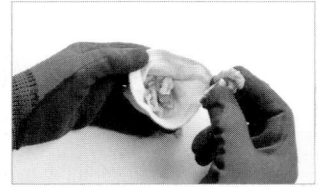	
ナッツ、手袋、輪ゴム、木槌	ナッツを布製の手袋にくるむ。	**メイク用チップで細部のほこりを取り除く**
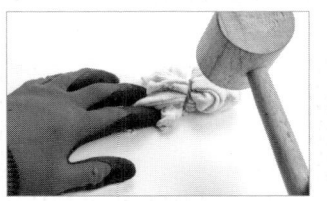		自然素材など、繊細な素材でつくったかごの場合は、歯ブラシより柔らかいメイク用のブラシやチップが便利。
輪ゴムでとめて、木槌でたたく。	かごを磨いて艶を出す。	

さあ、始めよう！
素材入手先ガイド

かごをつくるための素材の入手先をご紹介します。

※ヤマブドウや白樺などの樹皮は、季節商品です。入手困難、または良質素材の入手が難しい年があります。2018年12月10日現在

◆東急ハンズ
渋谷店　〒150-0042　東京都渋谷区宇田川町12-18
電話番号：03-5485-5111
全国都市部に展開するチェーン店で、籐の丸芯、皮籐などの取り扱いがある。ただし、店舗により扱う素材が異なり、素材によっては取り寄せ可能。輸入あけびを扱っている店舗もある。九州博多店、大阪梅田店、宮城県仙台店、北海道札幌店などの店舗に電話でご相談ください。

◆ユザワヤ商事
株式会社は、創業63年を迎える手づくりホビー材料の大型専門店。
北海道札幌、宮城仙台、関東東京横浜周辺、名古屋大阪梅田、兵庫神戸、九州福岡などに店舗がある。
取り扱いの商品の種類、在庫状況は、店舗により異なるので、各店舗に電話でお問い合わせください

◆「トライ・アム　サンカクヤ」
福岡県博多を中心に、佐賀県、大分県、熊本県に小売り店舗を展開する総合ホビー材料店。
電話で対応可能な店舗は、薬院店（電話番号：092-714-0007　担当＝井上）の他、姪浜店、春日店、国分店、鳥栖店、佐賀店がある。
取り寄せの相談ができる。

◆東京堂本店
〒160-0004　東京都新宿区四谷2-13
電話番号：03-3359-8787（ショールームサービスセンター）
☆会員制だが、会員でなくても直接店舗に出向けば購入可能（送付の対応は会員のみ）。
白樺、つる数種の取り扱いがある。

◆美味しい田んぼ
〒990-2473　山形市松栄1-3-8 山形県産業創造支援センター213号
山形の豊かな自然を利用して栽培、天日干し、手作業で叩いてしなやかで艶のある仕上げにこだわった稲わらを販売。
電話：023-674-8668（受付時間：月〜金　10:00〜17:00）
http://oishiitanbo.jp/

◆吉田包装店
〒509-0241　岐阜県可児市坂戸873-2
電話番号：0574-62-0459
☆日本製のマダケの竹皮を主に扱い、中国や台湾製の取り扱いもある。http://www.harusato.jp/

◆ほんだ農場
〒923-1116　石川県能美市小長野町チ40
電話番号：注文は0120-77-2098
質問は0761-57-2098 朝9時〜20時迄（日祝日は不可）。室町時代から続く農家で、有機栽培の稲わらを、天日乾燥したものを販売。
https://www.hondanojo.com

◆谷川栄子 かごの通信講座のお知らせ
　カゴ・かご・籠研究所では、かごづくりの通信講座を行っている。
「籐、各種つる、白樺、胡桃、ヤマブドウ、竹皮、わら」の講座は、毎年10月後半から開催。
◇お問い合わせ
〒177-0051 東京都練馬区関町北2-10-10
　カゴ・かご・籠　研究所「素材とセットの手づくり通信講座」
　担当：野山の素材を編む仲間たち
＊入会希望者は、住所、名前、固定電話番号（必須）と携帯メールアドレスを記載して返信用の82円分の切手を同封の上、封書にてお申し込みください。

著者紹介

谷川栄子 (たにかわ えいこ)

「カゴ・かご・籠研究所」主宰

日本女子大学卒業。スウェーデンコンストファック・スコーラン留学。大学卒業後、全国の農山村を回り、親から子に口伝えされた、つる、草、樹皮などの採集方法や技術をお年寄りから聞き取り、記録。自身でもかごづくりの技術を習得し、書籍を多数執筆。カルチャースクールや自然体験教室でのかごづくりのレクチャーが好評を博している。著書に、『里山のつる性植物』(NHK 出版)、『草を編む』『樹皮を編む』『あけびを編む』(農山漁村文化協会)、『メルヘンラタン』(講談社) 他多数がある。

◉カゴ・かご・籠研究所
〒161-0033 東京都新宿区下落合 1-1-1　トキワパレス 1313
〒177-0051 東京都練馬区関町北 2-10-10

はじめてでも素敵にできる

野山の素材でかごを編む
つる・樹皮・竹皮・わらでつくる

2018 年 5 月 10 日　第 1 刷発行
2024 年 6 月 14 日　第 5 刷発行

著　者	谷川栄子 (たにかわえいこ)	**KODANSHA**
発行者	清田則子	
発行所	株式会社 講談社	
	〒112-8001　東京都文京区音羽 2-12-21	
	販売　03-5395-3606	
	業務　03-5395-3615	
編　集	株式会社講談社エディトリアル	
	代表　堺 公江	
	〒112-0013　東京都文京区音羽 1-17-18	
	護国寺 SIA ビル 6F	
	編集部　03-5319-2171	
印刷所	TOPPAN 株式会社	
製本所	大口製本印刷株式会社	

N.D.C.790 111p 26cm
©Eiko Tanikawa, 2018 Printed in Japan
ISBN978-4-06-220809-3

Special Thanks　大島和子、高山直美、大竹勲代、佐藤和子、永野恵美子

木看板＠あだち
https://blogs.yahoo.co.jp/ki_kanban
奥川草木染工房
info@eco-mie.com

写真撮影・素材など協力　久保田早也佳 (北海道)、安田裕子 (山形)、佐藤紀美子、掛端平吉 (宮城)、中沢英正 (新潟)、左藤一憲、石田唱子、赤松玄人 (長野)、藤井ヒロ子 (広島)、大塚源平 (広島)、一川 清 (熊本)

さいたま市立博物館
http://www.city.saitama.jp/004/005/004/005/008/index.html
鳥取県立むきばんだ史跡公園
http://www.pref.tottori.lg.jp/mukibanda
青森県教育庁文化財保護課三内丸山遺跡保存活用推進室
http://sannaimaruyama.pref.aomori.p

撮　影　飯田 恵 (石森スタジオ)
杉山和行 (講談社写真部)

図　版　太田京子、すどうまさゆき、耄原由加利

デザイン　熊澤正人、伊藤翔太 (Power House)

編集協力　石川公枝、正村典子